Studien

über

Freizügigkeit

Von

Karl Braun.

Nach dem Original von 1863
herausgegeben von Hansjörg Walther.

Libera Media

2015

ISBN-13: 978-1515059875
ISBN-10: 1515059871

INHALT

Einleitung i

Studien über Freizügigkeit

I. 1

II. 15

III. 43

IV. 64

V. 71

VI. 82

Anhang

Ein deutsches Schneidergesellenleben 87

Armenpflege und Freizügigkeit 103

EINLEITUNG

Das Recht auf Freizügigkeit erscheint den meisten heute, wenigstens für Staatsbürger, als selbstverständlich. Für Deutschland genießt dieses Recht Verfassungsrang nach Artikel 11, Absatz 1 des Grundgesetzes (*„Alle Deutschen genießen Freizügigkeit im ganzen Bundesgebiet."*).

Doch das war nicht immer so. Ginge man etwa in das Jahr 1863 zurück — das Jahr in dem die hier wiedergegebene Schrift ursprünglich erschien —, so würde man sich einem Zustand gegenübersehen, der einem heutzutage fast unerträglich vorkäme. Deutschland war zu jener Zeit ein loser Bund von einundvierzig unabhängigen Staaten, der Deutsche Bund. Und es gab keine Freizügigkeit zwischen diesen vielen Staaten. Ja, größtenteils bestand nicht einmal Freizügigkeit innerhalb ihrer Grenzen. Es war also nicht selbstverständlich, daß jemand von einem Ort in den nächsten ziehen durfte. Vielmehr hing dies von oft recht willkürlichen Entscheidungen der lokalen Behörden ab.

Was das für Menschen bedeutete, zeigt etwa das Schicksal des Schneidergesellen Johann Leidemit aus Mecklenburg[1]. Dessen Leidensweg brachte Robert Zelle (später Oberbürgermeister von Berlin) in einem Vortrag 1862 an die Öffentlichkeit[2]. Und nicht von ungefähr stellte er dabei dieses Zitat als Motto voran:

> *„Sollte ich noch einmal geboren werden, so möchte ich nicht, daß es wieder in Deutschland wäre."*

Der Schneidergeselle Johann Leidemit lebt ganz unbescholten in Preußen und erfreut sich der Anerkennung seiner Nachbarn, die ihn dem örtlichen Schneider vorziehen. Aber dann geschieht ihm das Unglück, daß er ins Visier der preußischen Behörden gerät. Als illegaler Einwanderer wird er nun nach Mecklenburg, einem der ärmsten Länder in Deutschland, abgeschoben. Dort kann er keine Arbeit finden und nicht einmal heiraten, weil man dazu nämlich eine Erlaubnis der Behörde braucht.

Johann Leidemit nimmt nun einen endlosen Kampf mit den mecklenburgischen und preußischen Behörden auf, um einerseits in Mecklenburg heiraten zu dürfen und um andererseits als Preuße eingebürgert zu werden — ohne Erfolg.

---

[1] *Siehe „Ein deutsches Schneidergesellenleben" im Anhang dieses Buches.*

[2] *Dieser wurde als „Ein deutsches Lebensbild" 1862 gedruckt, mit einer zweiten Auflage 1863.*

Einleitung

Da er seine Frau und drei Kinder versorgen muß, kehrt er ein ums andere Mal nach Preußen zurück, wo er ein gutes Auskommen haben kann. Wieder und wieder verhaften ihn die Behörden und er hat zu bestätigen, daß er „gesund und marschfähig" sei, womit er nach Mecklenburg zurückmuß. Schließlich stirbt er bei einer dieser Abschiebungen, die er gar nicht „gesund und marschfähig" angetreten hat.

Auch Karl Braun[1] hat die Unsinnigkeit der vielen Grenzen und ihre Schädlichkeit stark empfunden. Er wurde am 20. März 1822 in Hadamar bei Limburg an der Lahn geboren. Damit war er Untertan des Herzogs von Nassau, dessen Land 1806 durch Vereinigung von zwei kleinen Fürstentümern, Nassau-Usingen und Nassau-Dieburg, als einer der Vassallenstaaten Napoleons entstanden war. Auch nach der Vereinigung war das Land dabei immer noch einer der kleinsten Staaten des Deutschen Bundes. Zwischen Koblenz, Bingen und Frankfurt gelegen, umfaßte Nassau knapp fünftausend Quadratkilometer an Fläche und hatte weniger als eine halbe Million Einwohner. Es gab nur wenige Städte, von denen die Hauptstadt Wiesbaden mit wenigen tausend Einwohnern die größte war. Ansonsten war das Land von der Landwirtschaft geprägt und im

---

[1] *Der volle Name lautet: Karl Joseph Wilhelm Braun, wobei die Schreibweisen in der Zeit stärker variieren, als wir es heute gewohnt sind. So schwankt sie etwa für den Rufnamen zwischen „Karl" und „Carl". Vielfach wurde Karl Braun auch „Braun-Wiesbaden" genannt, ausgehend von einer parlamentarischen Usance, Abgeordnete mit demselben Nachnamen durch Zusatz des Wahlkreises zu unterscheiden.*

Vergleich etwa zur angrenzenden Freien Stadt Frankfurt recht arm.

Das Herzogtum Nassau war auch zu klein, um sich eine eigene Universität leisten zu können. Da man aber beispielsweise für Gerichte und Verwaltung Juristen benötigte, gab es ein Abkommen mit dem Königreich Hannover, daß Nassauer Untertanen an der Universität Göttingen studieren durften, die damit nebenher auch als Nassauische Landesuniversität fungierte. Karl Braun studierte dort — nach Abitur 1840 und einem Jahr an der Universität Marburg — Rechtswissenschaften und Philologie. Anschließend trat er im Jahre 1843 in den nassauischen Staatsdienst ein.

Der Völkerfrühling des Jahres 1848 reißt auch Karl Braun mit. Wir sehen ihn nun als Redakteur der „Nassauischen Zeitung" und aktiven Teilnehmer der Umwälzung, etwa im „Demokratischen Verein Wiesbaden". Etwas später gehört er als Abgeordneter der Landstände, des nassauischen Parlaments, zum „Club der Linken".

Für Demokraten wie Karl Braun ist das Ziel ein deutscher Einheitsstaat, am besten als Republik. Aus ihrer Sicht haben die vielen kleinen Fürsten Deutschland zurückgehalten. Und nun soll mit dieser Kleinstaaterei und deren Rückständigkeit aufgeräumt werden. Ein Aspekt davon sind die vielen Grenzen zwischen und innerhalb der Staaten. In fortgeschritteneren Ländern wie Frankreich, Belgien, Großbritannien oder den Vereinigten Staaten von Amerika gibt es die Freizügigkeit schon lange, und das will man nun auch in Deutschland haben.

In der Verfassung der Paulskirche vom 28. März 1849 heißt es dann entsprechend in den Grundrechten (Abschnitt VI, Artikel I, § 133):

> *„Jeder Deutsche hat das Recht, an jedem Orte des Reichsgebietes seinen Aufenthalt und Wohnsitz zu nehmen, Liegenschaften jeder Art zu erwerben und darüber zu verfügen, jeden Nahrungszweig zu betreiben, das Gemeindebürgerrecht zu gewinnen."*

Allerdings bleibt die Verfassung nur auf dem Papier. Die Revolution wird in Deutschland unterdrückt, und der Deutsche Bund mit seinem Universum von Kleinstaaten wiederhergestellt. Von Freizügigkeit kann keine Rede sein. Und für Teilnehmer der Revolution bedeutet die nun heraufziehende Reaktionszeit Zurücksetzungen, Schikanen und Verfolgungen. Wenn sie Glück haben, können sie sich ins Privatleben oder in unpolitische Aktivitäten zurückziehen. Karl Braun arbeitet nun als Anwalt am Oberappellationsgericht Wiesbaden, holt seine Promotion nach und widmet sich volkswirtschaftlichen Studien.

Mit der Regentschaft des Prinzen Wilhelm in Preußen setzt ab 1858 ein Tauwetter in Deutschland ein. Die Demokraten, die fast ein Jahrzehnt ausgeschaltet waren, können wieder in das öffentliche Leben eingreifen. Und auch Karl Braun entfaltet nun in verschiedene Richtungen eine eifrige Tätigkeit. 1858 wird er zum Präsidenten der Zweiten Nassauischen Kammer gewählt. Im selben Jahr ist er maßgeblich an der Gründung des Kongresses Deutscher Volkswirte beteiligt, dessen jährlichen Zusammenkünften er ab 1859 vorsitzen wird. Was wie eine rein wissenschaftliche Veranstaltung wirkt, hat auch eine politische Dimension. Viele der Teilnehmer sind zugleich Mitglieder des Nationalvereins, der Stimmung für eine deutsche Einigung macht und dafür von den Regierungen verfolgt wird; und auch mit der 1861 begründeten Deutschen Fortschrittspartei gibt es eine große Überlappung. Auf den Sitzungen des Kongresses geht es daher oft weniger um Theorie als um konkrete Reformen, die dann publizistisch propagiert werden.

Ein wiederkehrendes Thema ist die Freizügigkeit, für welche sich besonders Karl Braun einsetzt. Bereits im Jahr 1859 erstattet er für eine Kommission des nassauischen Parlaments Bericht, die sich mit einem Gesetzentwurf zur Gewerbefreiheit und Freizügigkeit beschäftigt. Die Vorschläge stellt er 1860 in seinem Buch *„Für Gewerbefreiheit und Freizügigkeit durch ganz Deutschland"*[1] zusammen. Im selben Jahr verabschiedet der Kongreß Deutscher Volkswirte auch eine Resolution, die die volle Freizügigkeit verlangt.

Für die mit dem Kongreß verbundene Vierteljahrschrift für Volkswirtschaft und Culturgeschichte, herausgegeben von Julius Faucher, verfaßt Karl Braun 1863 dann einen längeren Aufsatz mit dem Titel *„Studien über Freizügigkeit"*, der hiermit wiederveröffent-

---

[1] *Neu herausgegeben bei Libera Media.*

licht wird.[1] Darin beschäftigt er sich mit den verschiedenen Aspekten des Themas Freizügigkeit. Zum einen geht es um die geschichtliche Entwicklung und den aktuellen Stand der Gesetzgebung in den deutschen Staaten mit ihren subtilen Unterscheidungen. Zum anderen zeigt Karl Braun auf, wie durch die Beschränkung der Freizügigkeit viele gerade arme Menschen geschädigt werden und warum gängige Begründungen für den Status Quo wenig stichhaltig sind. Schließlich stellt er seine Überlegungen in einem Vorschlag zusammen, wie man in Deutschland zu voller Freizügigkeit gelangen könnte.

Das alles ist gewissermaßen eine Vorbereitung für den Kongreß Deutscher Volkswirte, der kurz darauf in Dresden stattfindet und die Frage erneut auf die Agenda setzt[2], wobei Karl Braun neben Wilhelm Lette das Referat übernimmt. Die dem Kongreß vorgeschlagene Resolution geht sehr weit, und beschränkt sich nicht auf die Freizügigkeit nur für Deutsche. Vielmehr heißt es da gleich unter Punkt 1:

„Es soll Jedermann, welcher Gemeinde, welchem Lande oder welcher Nation er auch angehören mag,

---

[1] *Vgl. Vierteljahrschrift für Volkswirtschaft und Culturgeschichte, Erster Jahrgang 1863, Dritter Band, Seite 44 bis 85.*

[2] *Die einschlägigen Passagen des Protokolls finden sich im Anhang des Buches: Karl Braun: Die Freizügigkeits-Gesetzgebung der Schweiz (Libera Media, 2015). Sie erschienen ursprünglich in der Vierteljahrschrift für Volkswirthschaft und Culturgeschichte, Jahrgang 1863, Dritter Band, Seite 261ff.*

gestattet sein: an jedem Orte, wo er will, seinen Auf-
enthalt und Wohnsitz zu nehmen, auch jeden an sich
erlaubten Nahrungszweig zu betreiben, sich zu ver-
heirathen und eine Familie zu gründen, desgleichen
Grundeigenthum zu erwerben."

Und um jedes Mißverständnis über die Reichweite zu vermeiden, wird unter Punkt 2 dann noch einmal explizit vermerkt, daß das Recht nicht auf Inländer beschränkt oder von der Gegenseitigkeit mit anderen Staaten abhängig sein soll. Die Resolution wird nach sehr kurzer Diskussion vom Kongreß angenommen.

Allerdings scheint Karl Braun unsicher über den Weg zu sein, auf dem man die von ihm gewünschte Freizügigkeit erreichen kann. Während andere Vorschläge des Kongresses Deutscher Volkswirte recht schnell von den Gesetzgebungen der deutschen Staaten aufgenommen worden sind, etwa bei der Gewerbefreiheit, hat sich seit der ersten Resolution von 1860 und trotz einiger publizistischer Tätigkeit[1] noch nicht viel bei der Freizügigkeit getan.

---

[1] *Als Neuausgabe bei Libera Media (http://libera-media.de) unter anderem folgende Schriften von Autoren aus dem Umfeld des Kongresses Deutscher Volkswirte:*

- *Friedrich Bitzer: Das Recht auf Armenunterstützung und die Freizügigkeit, 1863*
- *Wilhelm Lette: Die Freizügigkeit, das wichtigste Grundrecht für die arbeitenden Klassen, 1863*
- *Heinrich Hermann Rentzsch: Gewerbefreiheit und Freizügigkeit, 1861*

Einleitung

Was die Umsetzung so schwierig macht, ist die lose Struktur des Deutschen Bundes mit seinen vielen Staaten. Da sich die Schweiz bis 1848 in einer ganz ähnlichen Lage befunden hatte, studiert Karl Braun 1864 als nächstes die Entwicklung der *„Freizügigkeits-Gesetzgebung der Schweiz"*[1], um daraus Schlüsse für Deutschland zu ziehen.

Eine seiner Folgerungen ist die, daß Fortschritte bei der Freizügigkeit eher von einem Bundes- oder Einheitsstaat zu erwarten seien. In der Schweiz herrschte Freizügigkeit in der Helvetischen Republik von 1798 bis 1803, mit ihrem Zentralismus nach französischem Vorbild, und dann wieder mit der Gründung des Bundesstaates 1848, jedoch nicht in der dazwischenliegenden Phase eines losen Staatenbundes.

Nur ist ein Bundesstaat für Deutschland 1864 nicht absehbar. Karl Brauns bester Vorschlag in der Lage ist von daher eine Regelung zur Freizügigkeit, bei der Einwanderer aus anderen Staaten nach einer Wartezeit von wenigen Jahren die Staats- und Gemeindebürgerschaft ihrer Niederlassung erwerben. Nur so lasse sich verhindern, daß sich die Staats- und Gemeindeangehörigkeit immer weiter von den tatsächlichen Lebensverhältnissen entferne und es zu Unstimmigkeiten zwischen den Staaten komme.

---

[1] *Vgl. Vierteljahrschrift für Volkswirtschaft und Culturgeschichte, Zweiter Jahrgang 1864, Erster Band, Seite 1 bis 27. (Neu herausgeben bei Libera Media, http://libera-media.de.)*

Womit Karl Braun wohl nicht rechnen kann, ist die Geschwindigkeit der weiteren Entwicklung. Österreich wird 1866 aus Deutschland gedrängt. Und Preußen annektiert kurzerhand einige Klein- und Mittelstaaten, die sich auf die falsche Seite gestellt haben, so das Königreich Hannover, das Kurfürstentum Hessen, die Freie Stadt Frankfurt und auch das Herzogtum Nassau, das Heimatland von Karl Braun.

Darüber ist dieser alles andere als unglücklich. Endlich ist der ihm verhaßte Kleinstaat verschwunden, und es wird sogar die preußische Gesetzgebung zur inneren Freizügigkeit eingeführt, die unter denen der deutschen Staaten am weitesten geht. Es verwundert von daher nicht, daß der ehemalige Demokrat Karl Braun die Reichseinigung unter preußischer Führung begrüßt. Für ihn bedeutet sie eine Liberalisierung der überlebten Verhältnisse. Und wie für viele Liberale aus den Klein- und Mittelstaaten spielt demgegenüber die Erfahrung des Preußischen Verfassungskonflikts nur eine untergeordnete Rolle.[1] Es ist von daher naheliegend,

---

[1] *Über Jahre hatte Bismarck in Preußen ohne Budget gewirtschaftet, was als Bruch der Verfassung von der Deutschen Fortschrittspartei bekämpft wurde. Von dieser spalten sich 1867 nach dem Sieg über Österreich die Nationalliberalen ab. Es geht dabei um die Frage der Indemnität, d. h. einer nachträglichen Entschuldigung für Bismarck. Während die Fortschrittspartei diese ablehnt, sind die Nationalliberalen dazu bereit. Ansonsten erklären sie, die Ziele der Deutschen Fortschrittspartei weiter zu vertreten. Die Unterschiede sind anfangs auch wirklich gering. Aber über die Zeit wandert die Nationalliberale Partei immer weiter nach rechts, bis sie 1887 in*

daß er sich den Nationalliberalen anschließt, die für eine starke Zentralgewalt eintreten.

1867 wird der Norddeutsche Bund begründet und ein Konstituierender Reichstag gewählt. Diesem gehört Karl Braun für den Wahlkreis Wiesbaden an, ebenso wie dem später im Jahr gewählten ersten ordentlichen Reichstag. Die liberalen Parteien (Deutsche Fortschrittspartei, Freie Vereinigung und Nationalliberale) sind die dominierende Kraft, was sich auch in der Gesetzgebung bemerkbar macht: Binnen kurzer Zeit werden eine ganze Reihe liberaler Ziele verwirklicht, so etwa die Koalitionsfreiheit, die Gewerbefreiheit und die Gleichberechtigung der religiösen Bekenntnisse. Die Paß- und Visapflicht wird sowohl für In- als auch Ausländer abgeschafft. Und es kommt endlich die Freizügigkeit auf die Agenda. Nicht von ungefähr gehört Karl Braun der vom Reichstag eingesetzten Kommission an, für die er dann am 21. Oktober 1867 im Plenum berichtet. Empfohlen wird nichts weniger als die Einführung der vollen Freizügigkeit im Norddeutschen Bund.

Die anschließende Debatte fällt wenig kontrovers aus, und die Kritik — hauptsätzlich von Seiten der Deutschen Fortschrittspartei — richtet sich nicht gegen das Prinzip, sondern nur dagegen, daß man nicht noch weiter gehen will. Am 22. Oktober 1867 wird schließlich das „Gesetz über die Freizügigkeit" vom Reichstag fast einstimmig angenommen. Mit der

---

ein Kartell mit den konservativen Parteien eintritt.

Reichsgründung 1871 wird sich sein Geltungsbereich schon bald auf ganz Deutschland erweitern. Die Durchsetzung der Freizügigkeit ist dabei wohl einer der großen Erfolge dieser kurzen liberalen Ära. Und wenn ein Name damit verbunden sein sollte, dann ist es wohl der von Karl Braun.

Dieser hält Bismarck noch einige Zeit die Treue, solange der Kanzler die liberale Wirtschaftspolitik fortzuführen scheint. Mit dessen reaktionärer Wende ab Mitte der 1870er Jahre aber wachsen die Differenzen innerhalb der Nationalliberalen Partei, bis sie sich nicht mehr mit Formelkompromissen verbergen lassen.

Der linke Flügel spaltet sich 1880 schließlich als „Liberale Vereinigung" ab. Diesen sogenannten „Sezessionisten" gehört auch Karl Braun an. 1884 kommt es zur Fusion der Liberalen Vereinigung mit der Deutschen Fortschrittspartei zur Deutsch-Freisinnigen Partei, für die Karl Braun bis 1887 dem Reichstag angehört.

Im Jahr 1891 zieht er nach Freiburg im Breisgau, wo er am 14. Juli 1893 stirbt.

ZUR EDITION

Die vorliegende Wiederveröffentlichung der Schrift von Karl Braun folgt dem Original, welches in lateinischer Schrift gesetzt war, wobei alle ‚ß' zu ‚ss' aufgelöst wurden. Diese auch in der Zeit eher ungewöhnliche Schreibweise wurde beibehalten.

Die Texte in den Anhängen waren hingegen in Fraktur gesetzt. Hier wurden ebenfalls die Schreibweisen erhalten und je nachdem die gesperrten Hervorhebungen nachgeahmt.

Kursive Fußnoten stammen vom Herausgeber, nicht-kursive aus den Originaltexten. In eckigen Klammern und mit kleinen Lettern ist die ursprüngliche Paginierung vermerkt, wobei im Fall von Trennungen zusätzliche Bindestriche nach der Seitenzahl eingefügt wurden.

STUDIEN ÜBER FREIZÜGIGKEIT

Von

Dr. Carl Braun.

I.

[44] Wir glauben irgendwo bei C. Vogt[1] gelesen zu

---

[1] *Carl Vogt (1817-1895) studierte in Gießen Medizin und dann Chemie. 1835 mußte er aus politischen Gründen in die Schweiz emigrieren. 1847 übernahm er eine Professur für Zoologie in Gießen. Während der Revolution war er Mitglied der National-versammlung (Fraktion Deutscher Hof). Da er zu den Aufstän-den in der Pfalz und Baden aufgerufen hatte, mußte er wieder-um in die Schweiz fliehen. Dort wurde er in Genf Professor für Geologie, dann für Zoologie. Nach seiner Einbürgerung war er Nationalrat. Er vertrat eine materialistische Weltanschauung und propagierte die Lehren Darwins im deutschen Sprachraum.*

haben, dass es eine niedere Art von Thieren giebt, welche, an einer gewissen Stufe ihres Lebens angelangt, aufhören, sich frei zu bewegen. Während sie bis dahin sich lustig im Meere getummelt haben, saugen sie sich plötzlich an irgend einem Felsen an, verlieren die Bewegungsorgane, ja, wenn wir nicht irren, sogar den Kopf, und führen von da an bis an den Rest ihrer Tage ein stilles, beschauliches, vegetatives Leben, unbekümmert um die Stürme der Welt und unbehelligt von den Gefahren der oceanischen Freizügigkeit. Wenn man die Entwickelung der Freizügigkeit in Deutschland betrachtet, ist man in Gefahr, an jene Thiere erinnert zu werden, und nur der neuere wirthschaftliche und politische Aufschwung der Nation erweckt einige Hoffnung auf bessere Gestaltung.

Nachdem die germanische Race sich zur Zeit der Völkerwanderung in der ganzen Welt herumgetummelt und auch später noch die deutschen Könige keine feste Residenz hatten, sondern mit ihrer Hofhaltung wandernd von Ort zu Ort zogen, auch sogar die deutschen Reichstage Wanderversammlungen waren (freilich in einem anderen Sinne als es kürzlich wieder Herr von Beust[1] in Dresden vorgeschlagen), sehen wir später nach und nach unter den Einwirkungen des Feudalsystems die Menschen fast erstarren. Es ist nicht mehr

---

[1] *Friedrich Ferdinand von Beust (1809-1886) war seit 1849 sächsischer Außenminister. Er verfolgte eine antipreußische und proösterreichische Politik für Sachsen. Als diese mit der Niederlage Österreichs scheiterte, mußte er auf Druck Bismarcks abdanken und ging nach Österreich ins Exil. Dort wurde er Außenminister und kurzzeitig sogar Ministerpräsident.*

der Mensch, der das Grundeigenthum beherrscht, sondern das Grundeigenthum beherrscht den Menschen. Der letztere ist nur noch ein Appendix des ersteren und nimmt dessen unbeweglichen Charakter an.[1] Das Aufblühen der deutschen Städte im zwölften und dreizehnten Jahrhundert bringt zwar das halb erstorbene wirthschaftliche Leben wieder in Fluss. Allein auch diese Blüthe welkt wieder. Die Gestaltungsversuche der Reichsritterschaft[2] [45] scheitern und die stürmischen Anläufe der Bauern nach politischer, religiöser und wirthschaftlicher Freiheit. werden blutig zurückgeschlagen.[3]

Der Feudalstaat, innerlich gebrochen, giebt sein Regiment an den absolutistischen Polizei[4]- und Fiskalstaat ab, dessen Träger die seit Ende des siebenzehnten Jahr-

---

[1] *Schollenpflichtigkeit bedeutete, daß die Leibeigenen „glebae adscriptus", d. h. an die Scholle gebunden, waren und nicht vom Gutshof des Leibherrn wegziehen durften.*

[2] *Reichsritter waren unmittelbar dem Kaiser unterstellt, nicht den Fürsten.*

[3] *Es handelte sich um eine Serie von Aufständen vom 15. bis zum 17. Jahrhundert.*

[4] *Das Wort „Polizei" hatte nicht immer die enge Bedeutung wie heute, sondern konnte auch politische Maßnahmen bedeuten (wie englisch „policy"). Zu denken ist hier also weniger an einen Staat, in dem es viele und präsente Polizisten gibt, sondern eher an einen, der in allen Bereichen reguliert (wozu er dann natürlich auch Polizisten und andere ausführende Beamte benötigt).*

hunderts von der Reichsgewalt[1] fast ganz emanzipirten Fürsten sind. Allein der Polizeistaat ist der Freizügigkeit nicht günstiger, als der Feudalstaat. Aus Furcht vor dem Anwachsen der Lasten der öffentlichen Armenpflege, welche er sich aufgeladen, aus Besorgniss vor der Konkurrenz für seine Unterthanen, welche, er „beschützt", um sie besteuern zu können, aus Ueberschätzung seines Territoriums, welches er für das bestregierte und für das trefflichste aller möglichen und denkbaren Länder hält, wehrt er mit wenigen Ausnahmen jeden Zuzug sorgfältig ab. Er erlässt die strengsten Strafgesetze gegen Bettler, Vaganten, Vagabunden und „verdächtiges Gesindel". Er verbietet seinen Unterthanen das Auswandern oder das Mitnehmen des Vermögens, oder erhebt wenigstens von dem letzteren, aus zärtlicher Besorgniss für den Fiskus, eine entsprechende Abzugssteuer.

Die einzige gern gesehene Art der Freizügigkeit besteht in dem Verkauf von Soldaten an fremde Mächte[2], wie ihn der Kurfürst von Hessen und der Herzog von Württemberg im vorigen Jahrhundert geübt haben. Und noch im Jahre 1815 versteht die deutsche Bundesakte[3],

---

[1] *Das heißt: der unmittelbaren Macht des Kaisers.*

[2] *Beispielsweise an die Briten, um als sogenannte „Hessians" gegen die amerikanischen Revolutionäre zu kämpfen.*

[3] *Die Deutsche Bundesakte wurde am 8. Juni 1815 auf dem Wiener Kongreß verabschiedet und zwei Tage später unterzeichnet. Durch sie wurde der Deutsche Bund als Staatenbund mit einundvierzig Mitgliedern begründet. Oberstes Organ war der von den Vertretern der Staaten gebildete Bundesrat mit Sitz in Frankfurt am Main. Im Zuge der März-Revolution wurde eine*

welche unter den ausserordentlich mageren Grundrechten, die sie, der deutschen Nation garantirt, (die Mehrzahl derselben ist indess in dem halben Jahrhundert, das seitdem verflossen. nicht zur Ausführung gekommen) auch die „Freizügigkeit" aufführt[1], darunter nichts, als das Niemand gehindert werden soll in dem Wegziehen aus dem einen Bundesstaat in den andern, d. h. sofern ihn der letztere aufnehmen will, was er aber von Bundeswegen ganz machen kann, wie es ihm beliebt, dass ferner von dem Vermögen des Wegziehenden kein Abzugsgeld oder Nachsteuer (im juristischen Küchenlatein „jus detractus[2] oder gabella emigrationis"[3] genannt, wie das genannte Grundgesetz der deutschen Nation ausdrücklich in Parenthese beizufügen, nicht unterlässt),

---

provisorische Zentralgewalt in Deutschland gebildet, an die der Deutsche Bund am 12. Juli 1848 seine Befugnisse übertrug und seine Tätigkeit damit einstellte. Nach der Niederschlagung der Revolution wurde er wiederbelebt und bestand bis zum Deutsche Krieg von 1866 weiter.

[1] In Artikel XVIII der Bundesakte heißt es: „Vertraglich fixiert wird der Erwerb und Besitz von Eigentum an Grund und Boden für das gesamte Gebiet des Deutschen Bundes, so wie die freie Wahl des Wohnortes." Da der Deutsche Bund aber über keine Kompetenzen zur Durchsetzung verfügte, blieb diese Bestimmung nur auf dem Papier.

[2] Abzugsrecht: Besteuerung von Erbschaften oder anderem Vermögen, das ins Ausland geht.

[3] Abzugsgeld (auch Abschoß, Abschied, Freigeld, Weglassung): ähnlich dem Abzugsrecht und begrifflich im Gegensatz zur „gabella immigrationis", dem Einzugsgeld.

erhoben werden darf, d. h. nur insofern das Vermögen in einen andern deutschen Bundesstaat und nicht sonst wohin übergeht. In der That, dieser Ausbund volks-wirthschaftlicher Weisheit bei den hohen Gründern des deutschen Bundes muss heut zu Tage Staunen und Bewunderung erregen.

Interessant ist es zu beobachten, wie sich in den *Städten* während [46] des *zwölften und dreizehnten Jahrhunderts* allmälig die Freiheit der Person und des Eigenthums und damit auch die auf dieser doppelten Basis ruhende Freizügigkeit entwickelte. Je mehr die Bevölkerung der Stadte wuchs, desto mehr drängte Alles auf Befreiung des Grundeigenthums hin, das ursprünglich in den Städten, vereinigt in den Händen des Patriziats[1], in derselben starren Gebundenheit sich befand, wie auf dem Lande. Es musste gebaut und folglich parzellirt, es musste getheilt und Besitz und Eigenthum gewechselt, werden können. Es wurden bewegliche Werthe geschaffen; die Liegenschaften wurden in den freien Verkehr gezogen; an die Stelle der Natural-, trat die Geldwirthschaft.

Zunächst half man sich mit *Verleihung* des Grundeigenthums. Die Garten, Aecker, Wiesen, Weinberge, welche die Umgebung der Städte bildeten, wurden von

---

[1] *Später in Anlehnung an römische Verhältnisse geprägter Begriff für die herrschenden Familien in den reichsfreien, d. h. dem Kaiser unmittelbar untergebenen, Städten. Zeitgenössisch wurden diese als „Geschlechter" bezeichnet. Sie versuchten, sich die städtischen Ämter erblich zu sichern und dieses Privileg gegen andere Gruppen, wie etwa die Zünfte, zu verteidigen.*

den Familien, in deren Eigenthum sie sich befanden, parzellirt und gegen einen festen jährlichen Zins, früher Natural-, dann Geldzinns [sic], in Leihe gegeben, theils in Erbleihe, theils in Leihe auf längere Zeit, (letzteres ähnlich wie heute noch das städtische Grundeigenthum in England auf 99 Jahre zu Bauplätzen verliehen wird). Dadurch war die Möglichkeit des Zuzugs und des Neu-baues eröffnet. Zugleich lockerten sich die Bande der *Hörigkeit.* Auch in den Städten waren die persönliche Freiheit und der Besitz von Grundeigenthum ursprüng-lich untrennbar verbunden, und wer keinen Grundbe-sitz oder nur abgeleiteten Grundbesitz hatte, war hörig. Die Leihe vermittelte zwischen diesen beiden schroff entgegenstehenden Kasten der freien Besitzenden und der Recht- und Besitzlosen. Die Leihträger wurden frei. Auch das diente dazu, den Zuzug zu vermehren. Allmä-lig entwickelte sich das bewegliche Kapital. An die Stel-le der Leihe trat der *Kauf,* d. h. die wirkliche Uebertra-gung des ganzen und vollen Eigenthums gegen Zahlung von Geld oder Bestellung eines Zinses. Der Kauf wur-de erst möglich durch Entfesselung des Kapitals, das, als es anwuchs, die bisherigen Schranken nicht mehr ertrug. Nach dem bisherigen Recht war der Kredit da-durch erschwert, dass das Nehmen von Zinsen absolut verboten war, wenigstens den Christen untereinander (den Juden sah man schon lange durch die Finger). Nun aber kam der *Rentenkauf,* d. h. man legte Kapital in der Weise an, dass sich der Kapitalist gegen Verabreichung des Darlehns oder gegen Gewährung des Kredits zwar nicht Zinsen versprechen, wohl aber aus den Liegen-schaften seines Schuldners einen Grundzins bestellen liess. Im Grunde genommen war dies ein ver-[47]-schleiertes Dahrlehn und unterschied sich von einem

7

gewöhnlichen nur dadurch, dass der Gläubiger die Stellung eines Grundherrn einnahm und dem Schuldner nicht kündigen konnte, wofür er aber dadurch wieder schadlos gehalten wurde, dass die Rente als eine dingliche Last auf dem Grundstück haftete und ihm damit volle Sicherheit für deren Bezug gewährt war.

Die Einführung des Rentenkaufs in das deutsche Vertragsrecht, welche von dem zwölften Jahrhundert an datirt, erleichterte ausserordentlich die Befreiung der Peson und des Eigenthums in den Städten. Der Kaufliebhaber hatte entweder selbst das Kapital oder er konnte es durch Rentenverkauf erwerben. Damit war ihm die Möglichkeit, Grundeigenthum zu erwerben, gegeben. Der Verkäufer konnte auch auf Kredit verkaufen und sich einen Grundzins bestellen lassen. So wurde das städtische Grundeigenthum nach und nach emanzipirt, und in den freien Verkehr gezogen. Die bisher Besitzlosen wurden Besitzende und die Hörigen durch ihren Besitz Freie. Auch die sonstigen politischen Unterschiede wurden nach heissen Kämpfen zwischen den Geschlechtern und den Handwerkern niedergekämpft. Die Geschichte des städtischen Eigenthums ist für die wirthschaftliche Geschichte der Nation von der grössten Wichtigkeit. Dies ist der Grund, aus welchem wir unsere Volkswirthe auf die treffliche Schrift des Professor Dr. Arnold[1] aus Basel „Zur Geschichte des Eigenthums in deutschen Städten" (Basel 1861) hier-

---

[1] *Wilhelm Christoph Friedrich Arnold (1828-1883), Professor der deutschen Rechtsgeschichte in Basel, ab 1863 Professor für Naturrecht, Staatsrecht und Nationalökonomie in Marburg. Später auch Reichstagsabgeordneter für die Konservativen.*

durch dringend aufmerksam machen.

In einzelnen Städten emanzipirten die Geschlechter die Hörigen freiwillig, die ihnen in dem Kampf um die munizipale Selbständigkeit nach aussen getreulich zur Seite gestanden. Der Rath von Pistoja[1] verfügte die Freilassung „im Angedenken an den Werth der Freiheit." Aehnlich in Bologna.

Die Stätdte — wir sprechen hier zunächst von italienischen und deutschen Städten in der Zeit vom zwölften bis vierzehnten Jahrhundert, und nehmen wegen der letzteren auf *Arnold* wegen beider aber auf den fünften Band von *Raumer*'s „Hohenstaufen"[2] Bezug — waren damals nicht so banausisch-engherzig, nicht so schild- und kleinbürgerlich, wie sie es heut zu Tage vielfach sind. Statt den Zuzug abzuwehren, öffneten sie ihm breit ihre Pforten. Sie luden Alle, welche mühselig und beladen waren, alle Landbewohner, welche sich im Zustande der Leibeigenschaft oder Hörigkeit befanden und von ihren Herrschaften gedrückt wurden, ein, in dem Gebiete der Stadt Schutz und Gedeihen zu suchen.[3] Man kann sich denken, dass eine solche, aus-

---

[1] *Pistoia: Stadt in der Toscana.*

[2] *Friedrich von Raumer (1781-1873) war Jurist und Historiker, Professor in Breslau und Berlin und Mitglied der Frankfurter Nationalversammlung. Das hier verkürzt zitierte sechsbändige Werk heißt mit vollem Titel: "Geschichte der Hohenstaufen und ihrer Zeit" und erschien von 1823 bis 1825 in Leipzig.*

[3] *Üblicherweise durfte ein geflohener Leibeigener nach „einem Jahr und einem Tag" nicht mehr ausgeliefert werden.*

drückliche oder [48] stillschweigende Aufforderung nicht ohne Erfolg blieb. Denn die Zuziehenden fanden in den Städten persönliche Freiheit, reichlichen Erwerb und die Möglichkeit Grundeigenthum zu acquiriren. Während jetzt die verschiedenen Territorien Ausweisungen vornehmen und mit ihren Nachbarn wegen der Uebernahme Heimathloser streiten, nahmen damals die Städte die Zuziehenden mit offenen Armen auf und verweigerten dem Adel und der Geistlichkeit, welche die Entlaufenen reklamirten, deren Auslieferung. So wuchsen damals die Städte durch die Freizügigkeit, und diese hatte heilsame Wirkungen nicht nur für diejenigen Hörigen, welche Gebrauch davon machten, um durch den Ueberzug in die Stadt ihre Freiheit zu erlangen, sondern auch für die, welche blieben. Denn ihre Herren mussten sie gelinder behandeln aus Furcht, dass auch sie in den Städten ein Asyl suchen möchten.

Wir finden zahlreiche Streitigkeiten zwischen dem Adel und den Städten über diesen Punkt. Wir finden Verträge zwischen Städten und Adel, worin der letztere, um dem ihm drohenden Verlust zu entgehen, sich ausbedingt, dass erstere keine von seinen Leuten als Bürger aufnehmen dürfen. In anderen Verträgen wird eine kurze Frist festgestellt, innerhalb welcher die Gutsherrschaft die Entwichenen mit Erfolg bei der Stadt reklamiren kann; nach deren Ablauf soll jeder Anspruch erloschen sein.

Im Jahre 1167 erliess auf Beschwerden des Adels und der Geistlichkeit Friedrich I.[1] eine Verordnung,

---

[1] *Friedrich I (um 1122- 1190), deutscher Kaiser aus dem Ge-*

dass alle Landleute, welche nach Städten gezogen wären, um sich den Pflichten gegen ihre Herren zu entziehen, zurückkehren, oder gewärtigen sollten, dass man sie wegen so einseitigen Rechtsbruches ächte und ihre Güter einziehe. Glücklicher Weise wurde diese Verordnung nicht überall vollzogen. Es war ein grosser Fehler des deutschen Kaiserthums, dass es zuweilen, je nachdem die politischen Interessen und Konstellationen des Augenblicks es zu fordern schienen, die Städte preissgab, statt ihre frisch aufstrebende Gewalt zu kräftigen und an ihr eine bleibende Stütze zu gewinnen. Nur ausnahmsweise intervenirten die Kaiser auf Anrufen der Städte zu Gunsten der wirthschaftlichen Freiheit. So erliess z. B. Kaiser Albrecht[1] am 7. Mai 1301 auf Anstehen der rheinischen Städte eine Verordnung, worin er sagt: „Einige Fürsten. Herren und Edle des Reichs, namentlich die drei Erzbischöfe am Rhein (Mainz, Trier und Köln) hätten die alten Zölle über das Mass erhöhet, ausserdem, in Geiz verblendet, von Bacharach abwärts neue Zölle von Reichsbürgern zu erpressen sich unterfangen; er, der Kaiser, der er mit aller Anstrengung auf Erfüllung [49] seiner Pflicht bedacht sei und oft den nächtlichen Schlaf sich abkarge, um den Reichstreuen Frieden zu schaffen, hebe hierdurch, um den boshaften Umtrieben der Erzbischöfe und aller Andern ein Ziel[2] zu setzen, alle Zölle, welche

---

schlecht der Staufer, bekannt unter dem Namen „Barbarossa".

[1] Albrecht, V. Graf von Habsburg (1255- 1308), deutscher Kaiser ab 1298.

[2] Hier in der älteren Bedeutung: Ende.

ihnen vom Könige Rudolph[1] oder von andern seiner Vorfahren oder von ihm selbst verliehen worden seien (mit Ausnahme der von Kaiser Friedrich verordneten), als verboten auf und ermächtige die Städte, einen allgemeinen Landfriedensbund aufzurichten und den Zollerhebern an den genannten Orten sich mannhaft und mit gewaffneter Hand zu widersetzen." Dieser Aufruf reichte hin, um einen städtischen Kreuzzug gegen Adel und Geistlichkeit auf die Beine zu stellen. Der Rhein wurde frei. Als aber Adel und Klerus wieder zu Macht gelangten, da wurde der Strom „wieder geschlossen".

Im Jahre 1388 erlitten die Städte die bekannte grosse Niederlage.[2] Von da an ging es abwärts bis zum gänzlichen Untergange der reichsstädtischen[3] Freiheit.

Wir brechen an dieser Stelle unsere Untersuchung über die früheren Spuren der Freizügigkeit ab. Wir werden unten, wo wir den Zusammenhang zwischen der Freizügigkeit und der modernen öffentlichen Armenpflege, wie sie seit dem siebenzehnten Jahrhundert un-

---

[1] *Gemeint ist wohl der Vater von Kaiser Albrecht, Kaiser Rudolf I. (1218-1291).*

[2] *Am 23. August 1388 unterlagen die Söldner des Schwäbischen Städtebundes in der Schlacht bei Döffingen den Truppen von Graf Eberhard II. von Württemberg.*

[3] *Reichsstädte waren Städte, die keinem Fürsten, sondern unmittelbar dem Kaiser unterstanden. Da der Kaiser wenig Macht hatte, waren diese Städte wenig eingeschränkt in ihrer Politik.*

ter der Territorialherrschaft sich entwickelt hat, erörtern, den Faden wieder aufnehmen, den wir hier fallen lassen an dem Punkt, wo die Rolle der deutschen Städte scheinbar ausgespielt hat.

Sie beginnt von Neuem mit der preussischen Städteordnung von 1808 und mit dem von dem Minister Freiherrn von Stein[1] proklamirten in der Geschäftsordnung für die Regierungsbehörden von Preussen vom 26. Dezember 1808 niedergelegten Grundsatze, „dass bei allen Ansichten, Operationen und Vorschlägen der Regierung der Grundsatz leitend bleiben müsse, Niemanden in dem Genusse seines Eigenthums, seiner bürgerlichen Gerechtsame[2] und Freiheiten weiter einzuschränken, als dies zur Förderung des gemeinen Wohls nöthig sei; dass vielmehr einem Jeden innerhalb der all-

---

[1] *Heinrich Friedrich Karl Reichsfreiherr vom und zum Stein wurde 1757 in Nassau geboren und starb 1831 in Cappenberg in Westfalen. Er war preußischer Wirtschafts- und Finanzminister. Nach den Niederlagen Preußens 1806 gegen Frankreich bei Jena und Auerstedt leitete er zusammen mit Karl August Freiherr von Hardenberg ein Reformprogramm ein, mit dem die Rückständigkeit des Landes überwunden werden sollte. Wichtige Punkte waren dabei die Abschaffung der Leibeigenschaft, Gewerbefreiheit und innere Freizügigkeit. Als Inspiration dienten dabei Adam Smith und die Umwälzungen in Frankreich. Auf Druck von Napoleon mußte Freiherr vom Stein ins Exil gehen und wurde ab 1812 Berater des Zaren. Während der Befreiungskriege war er dann Leiter der Zentralverwaltungsbehörde, die die von Napoleon zurückeroberten Gebiete administrierte. Mit dem Wiener Kongreß verlor er an Bedeutung und trat er in den Hintergrund.*

[2] *Rechte.*

gemeinen Schranken die möglichst freie Entwickelung seiner Anlagen, Fähigkeiten und Kräfte, in moralischer sowohl, als in physischer Hinsicht, zu gestatten und alle dagegen noch obwaltenden Hindernisse baldmöglichst auf eine legale Weise wegzuräumen seien".

Aus diesem Grundsatze ging das preussische Gesetz vom 31. Dezember 1842 hervor, welches, freilich nur für preussische Staatsangehörige und nicht für Ausländer, die Freizügigkeit, statuirt mit den Worten: [50]

„Keinem selbständigen preussischen Unterthan darf an dem Orte, wo er eine eigene Wohnung oder ein Unterkomrnen sich selbst zu verschaffen im Stande ist, der Aufenthalt verweigert oder durch lästige Bedingungen erschwert werden".

Bekanntlich war der Schneider Leidemit nicht preussischer, sondern mecklenburgischer Staatsbürger.[1]

---

[1] *Der Fall des Schneidergesellen Leidemit wurde vom späteren Oberbürgermeister von Berlin Robert Zelle (1829-1901) an die Öffentlichkeit gebracht. Das dazugehörige Buch „Ein deutsches Lebensbild" von 1862 ging durch zwei Auflagen. Der Schneider Leidemit war von Mecklenburg nach Preußen eingewandert. Zu unrecht wegen Diebstahls beschuldigt, geriet er in die Mühlen der preußischen und mecklenburgischen Bürokratie. Er wurde mehrfach aus Preußen ausgewiesen, zuletzt in krankem Zustand, wobei er starb. Im Anhang dieses Buches findet sich ein längerer Bericht der Wiener Zeitung „Die Presse" vom 3. Oktober 1862 über den Fall: „Ein deutsches Schneidergesellenleben".*

II.

Wenn wir in Deutschland von „Freizügigkeit" sprechen, so müssen wir uns zuvor darüber zu verständigen suchen, was wir darunter verstehen, d. h., welche gegenwärtig noch bestehenden Hindernisse der menschlichen und wirthschaftlichen Freiheit der Bewegung dadurch negirt werden sollen, und das ist bei den heterogenen Begriffen und den verschiedenartigen Benennungen, welche in den Gesetzen, Verordnungen und Verwaltungsnormen der verschiedenen einzelnen deutschen Staaten herrschen, und bei der babylonischen Sprachverwirrung, welche daraus entsteht, nicht ganz leicht, wie sich dies im Jahre 1860 auf dem volkswirthschaftlichen Kongresse in Köln gezeigt hat.

Die Kommission[1] erstattete Bericht über die Freizügigkeit und beantragte, der Kongress möge sich für dieselbe aussprechen. Abgesehn von einigen Zunftmeistern, fand der Antrag[2] keinen Widerspruch. Als man

---

[1] *Die Kommission wurde von Wilhelm Lette geleitet, siehe auch dessen Buch von 1863: „Die Freizügigkeit, das wichtigste Grundrecht der arbeitenden Klassen" (Neuausgabe bei Libera Media, 2015).*

[2] *Der Beschluß bestand aus den folgenden beiden Punkten:*

1) *Der volkswirthschaftliche Congreß spricht sich für unbedingte Freizügigkeit in ganz Deutschland aus, d. h. für das Recht, an jedem Orte Deutschlands seinen Wohnsitz neh-*

aber zur Abstimmung schreiten wollte, zeigte es sich, dass die verschiedenen Mitglieder der Kommission mit dem Worte „Freizügigkeit" verschiedene Begriffe verbanden. Der Eine verstand darunter das „Recht eines Jeden, an jedem Orte Deutschlands sich aufhalten und sein Geschäft betreiben zu dürfen, ohne vorher dort Orts- und Staatsbürgerrecht erwerben zu müssen". Der Andere verstand darunter nicht nur das Recht zum Aufenthalt und Gewerbebetrieb, sondern auch den Anspruch auf das Orts- und Staatsbürgerrecht. Ein Dritter unterschied zwischen Heimaths- und Gemeindebürgerrecht.[1] Ein Vierter wieder distingruirte in Uebereinstimmung mit den Einrichtungen seiner Heimath zwischen der *politischen* Gemeinde und der „*Real*gemeinde"[2], deren Wesen in der Benutzung des Gemeinde-

---

men und sein Geschäft betreiben zu dürfen, ohne vorher das Orts- und Staatsbürgerrecht in demselben erwerben zu müssen.

2) Der Congreß ist nicht der Ansicht, daß die Freizügigkeit von den einzelnen Staaten an die Bedingung der Gegenseitigkeit zu knüpfen sei.

(Zitiert nach: Bremer Handelsblatt, Jahrgang 1860, Nr. 467 (22. September), S. 359.)

[1] *Das Heimathsrecht bedeutet, daß der Betreffende nicht ausgewiesen werden kann und einen Anspruch auf Armenversorgung hat. Er hat aber keinen Anspruch darauf, bei den Wahlen passiv oder aktiv teilzunehmen und dadurch über die Finanzen der Gemeinde mitzuentscheiden, was nur dem Gemeindebürger zusteht.*

[2] *Die Realgemeinde umfaßt den gemeinsamen Besitz der Gemeinde, der den Mitgliedern entweder gleichzeitig oder nach-*

vermögens besteht, und wollte das Recht des Anzüglers auf die erstere beschränken, im Uebrigen aber ihm sofort alle politischen und gewerblichen Befugnisse geben, welche irgend ein Einwohner oder Ortsbürger als solcher üben darf. Schliesslich einigte man sich dahin, dass man sich, unter Beiseitelegung jener lediglich auf politische Institutionen bezüglichen Institutionen, für die wirtschaftliche Freizügigkeit aussprechen wolle, [51] d. h. für Beseitigung der Hemmnisse, die der Arbeiter oder der Kapitalist bei der Wahl des Ortes für seine wirthschaftliche Thätigkeit jetzt noch so vielfach finde. In diesem Sinne sprach sich denn eine imposante Majorität für die volkswirthschaftliche Freizügigkeit aus. Dieser Beschluss war dem damaligen Stande der Debatte und der Lage der Sache völlig entsprechend.

Allein da ein grosser Theil der Einwendungen, welche man gegenwärtig leider noch gegen die Einführung der wirthschaftlichen Freizügigkeit erhebt, basirt sind auf die politischen Institutionen der verschiedenen deutschen Staaten in Bezug auf Niederlassungs-, Heimaths-, Gemeinde- und Staatsbürgerrecht, da ferner die Unklarheit, welche über diese Gegenstände in sehr vielen Köpfen und namentlich in denjenigen von Kommunal- und Lokalstaats-Beamten herrseht, ein wirkliches Hinderniss der richtigen Auffassung und Unterscheidung und damit eine Erschwerung der Einführung

---

einander zur Verfügung gestellt wird. Hierzu gehören etwa die Gemeindewiesen, der Gemeindewald, usw. Ein Gemeindebürger muß kein Anrecht auf diese Mitbenutzung haben, weshalb die Mitglieder der Realgemeinde von den Gemeindebürgern unterschieden werden können, aber oft nicht sind.

bildet, und da endlich auf dem Gebiete der Freizügigkeit die wirthschaftliche und die politische Seite vielfach ineinandergreifen und die wirthschaftliche Reform sich nicht wohl ausführen lässt, ohne gleichzeitig auch nach der politischen Richtung hin in den gegenwärtigen Institutionen Einiges zu ändern, so glauben wir im Interesse der Sache zu handeln, wenn wir beide Seiten in das Auge fassen und zunächst die verschiedenen wirthschaftlichen und politischen Begriffe neben einander stellen, um nach Feststellung ihrer Berührungs- und Unterscheidungspunkte, weiter zu argumentiren.

Das geringste Mass der Freizügigkeit ist das *Recht zum Aufenthalt*, das an und für sich noch nicht mit der Befugniss zum Geschäftsbetrieb verbunden ist. Dieses Recht als solches hat man nach der Gesetzgebung der meisten deutschen Staaten nur an dem Orte der Heimathberechtigung; in allen anderen bedarf es dazu einer besonderen staatspolizeilichen oder kommunalen Erlaubniss, einer Gestattung des temporären Aufenthalts, welche bei „Inländern" in der Regel leicht ertheilt wird und innerhalb der Befugnisse der Gemeindebehörde liegt, bei „Ausländern" dagegen grössere gesetzliche Schwierigkeiten findet (indem ihr eine Prüfung der persönlichen und Vermögensverhältnisse vorausgehen muss), vielfach an Reziprozität[1] gebunden ist und nur von der Staatsverwaltungsbehörde ertheilt werden kann. Diejenigen, welche nicht das Recht zum Aufenthalt auf die bezeichnete Art erworben haben, sind nur

---

[1] *Hiermit ist gemeint, daß zwei Staaten den Bürgern des jeweils anderen gewisse Rechte auf Gegenseitigkeit einräumen.*

geduldet. Sie können jeder Zeit ausgewiesen werden. Aber auch für Diejenigen, welche jene Erlaubniss bei der Staats- oder [52] Gemeindebehörde erwirkt haben, bestehen Gründe, aus welchen sie später weggewiesen werden können. Die Gesetzgebung zählt entweder als solche Gründe auf:

1. Verurtheilung wegen gewisser Verbrechen oder zu gewissen Strafen,
2. Bettelei, Landstreicherei, öffentliche oder gewerbsmässige Unzucht,
3. Verfallen in Konkurs,
4. Bezug von öffentlichen Almosen u. s. w.,

oder sie unterlässt es auch, einzelne Gründe anzuführen, indem sie Alles der diskretionären Gewalt der Verwaltung anheimstellt. und vorschreibt: „Wer in einer fremden Gemeinde (d. h. in einer solchen, wo er nicht heimathberechtigt ist), seinen Aufenthalt oder Wohnsitz genommen hat, kann aus „Gründen des öffentlichen Wohls" weggewiesen werden".

Ueber dem mit Heimaths-, Gemeinde- und Staatsbürgerrecht nicht verbundenen blossen Aufenthaltsrecht steht *das Recht zum Geschäftsbetrieb* und zum Erwerb von Liegenschaften. Das letztere ist (abgesehen von den hin und wieder noch bestehenden Beschränkungen der Theilbarkeit[1] und Ansiedelung), in den mei-

---

[1] *Um den Grundbesitz meist adliger Familien zusammenzuhalten, gibt es verschiedene rechtliche Konstruktionen, etwa den eines „Fideikommisses", einer Art Stiftung, die der gesamten Familie gehört, aber deren Vermögen nur von einem Mitglied*

sten deutschen Staaten nunmehr auch den Ausländern und Nichtheimathberechtigten zugestanden. Nur in Tyrol will man es noch von dem Glaubensbekenntnisse abhängig machen.[1] Was den Geschäftsbetrieb anlangt, so ist derselbe noch vielfach den Beschränkungen der Zunftgesetze unterworfen. Wo aber auch letztere aufgehoben oder durchlöchert sind, da macht man doch noch vielfach die Erlaubniss zum Geschäftsbetrieb abhängig von dem Erwerb des Bürger- oder des Heimathsrechts in der betreffenden Gemeinde, so dass ein Ausländer, welchem die Erfordernisse zu letzterem fehlen oder die Betretung des Wegs zum Bürgerrecht wegen dessen Langwierigkeit, Kostspieligkeit oder aus sonstigen Gründen nicht opportun erscheint, um ein Geschäft zu betreiben, genöthigt ist, sich einen Inländer als Pseudo-Firmaträger oder Strohmann zu kaufen. In einigen Staaten ist, wenigstens bei zünftigen[2] Geschäften, die Erlaubniss zum Geschäftsbetriebe abhängig gemacht von vorheriger Erwerbung des Ortsbürgerrechts und die Erwerbung des Ortbürgerrechts ihrer

---

genutzt werden darf. In Gebieten, wo es großen Grundbesitz gibt, folgt daraus, daß wenig Land zu erwerben ist und Landarbeiter sich nur schwer mit einem eigenen Hof selbständig machen können.

[1] Während es um die Zeit noch viele rechtliche Zurücksetzungen für Juden in den deutschen Ländern gibt, diskriminiert Tirol hier vor allem gegen Protestanten.

[2] Der Begriff wird heute im Sinne von „nach guter Handwerkskunst" verwendet. Gemeint ist aber in der Zeit, daß ein Gewerbe im Rahmen einer Zunft ausgeübt wird. Im Gegensatz dazu gibt es auch unzünftige Gewerbe.

Seits ist wieder abhängig gemacht von vorheriger Erbringung der Nachweise, dass man im Stande sei, sich und seine Familie zu ernähren. Da man aber einen thatsächlichen Nachweis der letzteren Art nicht wohl erbringen kann, ohne wirklich ein Geschäft zu betreiben, so hat sich die Gesetzgebung hier in einen circulus vitiosus[1] verrannt, aus welchem sie [53] nur durch eine mehr die realen Verhältnisse, als die Abstraktionen des Gesetzes berücksichtigende Praxis erlöst werden kann.

Es folgt nun das *Heimathsrecht*, das auf der einen Seite mehr ist, als das Recht zum Aufenthalt und auf der andern Seite weniger, als das Gemeinde- und Staatsbürgerrecht. Ein Heimathsberechtigter kann nicht ausgewiesen werden aus dem Orte seiner Berechtigung und hat ein in der Regel von gewissen gesetzlichen Voraussetzungen abhängig gemachtes Anrecht auf demnächstige Erwerbung des Gemeindebürgerrechtes an dem Orte und des Staatsbürgerrechtes in dem Lande der Heimathsberechtigung. Das Heimathsrecht wird erworben durch Geburt, Aufnahme und Verleihung. Die Erwerbung desselben durch Naturalisation[2], welche der beste Regulator der Freizügigkeit ist, kennt die Ge-

---

[1] *Teufelskreis.*

[2] *Unter Naturalisation wird die Einbürgerung verstanden, besonders wenn diese nach einer gewissen Zeit entweder automatisch erfolgt oder ein Anspruch auf sie entsteht. Dies steht im Gegensatz zu den Einbürgerungen in der Zeit, die nur nach Ermessen der Behörden und Bitte des Antragsstellers zustandekommen können. Ein zeigenössisches Beispiel für ein Land mit einem Recht auf Naturalisation wären die Vereinigten Staaten.*

setzgebung der meisten deutschen Staaten nicht. Wir werden dieselben unten näher erörtern. Die Erwerbung der Heimathsberechtigung an einem Orte involvirt ihrer Natur nach in der Regel auch die Gemeindeangehörigkeit an diesem Orte und die Staatsangehörigkeit in dem Lande, worin der Ort liegt. Gemeindeangehörigkeit ist aber nicht identisch mit Gemeindebürgerrecht und Staatsangehörigkeit nicht mit Staatsbürgerrecht.

Auch das *Gemeindebürgerrecht*, welches in den meisten deutschen Staaten ein einheitliches und ungetheiltes ist und alle politischen, wirthschaftlichen und finanziellen Rechte und Pflichten gleichmässig umfasst, ist in einzelnen deutschen Staaten getheilt in ein *politisches* und in ein sogenanntes *„reales"* Recht. Das Mitglied der Realgemeinde hat Antheil an dem Gemeindevermögen und den Nutzungen. Wer bloss politischer Gemeindebürger ist, hat neben Ausübung seiner Korporationsrechte im Uebrigen auch bezüglich der öffentlichen Anstallten wie z. B. Brunnen, Beleuchtung, Schulen, Strassenpflaster u. s. w. gleiche Berechtigung und Verpflichtung, wie die Andern, aber an dem Allmendgenuss[1] nimmt er nicht Theil. Ein Einkaufsgeld für Erwerbung der kommunalen Realrechte ist vollständig gerechtfertigt; ein Einzugsgeld für die blosse Erlaubniss zum Aufenthalt, ein Aufnahmgeld für Ertheilung der politischen Rechte eines Gemeindebürgers sind dagegen völlig unstatthaft. Dennoch bestehen diese Beschränkungen der Freizügigkeit in den meisten

---

[1] *Allmende ist das Gemeineigentum der Gemeinde, etwa Wiesen, Wälder, Bäche, Weiher, usw.*

deutschen Staaten. Eigentlich sollte man nicht nur die politische Gemeinde von der wirthschaftlichen, sondern auch letztere wieder in ihren einzelnen Zweigen trennen, so dass z. B. zur Schulgemeinde alle Diejenigen gehören, welche Kinder haben und für dieselben Gebrauch von den Schulen machen, zur *Viehzüchter*-[54]-Gemeinde alle Viehbesitzer, die an der Bestellung der Viehhirten[1] und der Besorgung der Viehheerde, an der Stellung des Mannviehs[2] etc. ein Interesse haben, und dass die Bedürfnisse der Schule (natürlich mit Heranziehung der fundationsmässigen[3] Mittel) von der Schulgemeinde, die Generalbedürfnisse für die Viehzucht von der Viehzüchter-Gemeinde aufgebracht würden u. s. w. Dadurch würde nicht nur dem praktischen Kommunismus[4] entgegengewirkt, welcher jetzt noch vielfach das Gemeindeleben durchdringt, sondern es würde auch mancher Widerstand beseitigt, der gegenwärtig der Freizügigkeit entgegengesetzt wird. Denn die kleineren wirthschaftlichen Gemeinden oder Gemeinde-Unterabtheilungen würden an dem Zuzuge wei-

---

[1] *Der Viehhirte wird je nachdem von der Gemeinde angestellt, da er für alle Bauern das Vieh hütet.*

[2] *Bullen, Ziegenböcke und Eber zur Zucht, die gemeinsam von der Gemeinde gehalten wurden.*

[3] *zu einer Stiftung gehörend, in deren Sinne verwendet.*

[4] *„Kommunismus" ist hier wirtschaftlich gemeint als Gemeineigentum im Gegensatz zu Privateigentum. Da es um die Zeit eine heftige Auseinandersetzung mit Sozialisten wie Ferdinand Lassalle gibt, ist ein politischer und negativ gemeinter Unterton hier aber auch herauszuhören.*

terer, zu Beiträgen verpflichteter Mitglieder ein Interesse haben, welches die grosse politische Gemeinde, die zudem mit einer den gegenwärtigen realen Verhältnissen nicht mehr entsprechenden Last der Armenpflege (siehe unten) überbürdet ist, nicht hat.

Den Gipfel dieser verschiedenen Berechtigungen bildet das *Staatsbürgerrecht*. Jene dienen diesem als Grundlage. Es schliesst das Heimathsrecht mit in sich, nicht aber das Gemeindebürgerrecht. Namentlich sind in den verschiedenen deutschen Gesetzgebungen einzelne Klassen der Bevölkerung vom Gemeindebürgerrechte ausgeschlossen, obgleich sie Staatsbürger sind. So z. B. vielfach die Staatsdiener, die Geistlichen, die Rittergutsbesitzer, die Standes- und Grundherrn, welche alle nicht *verpflichtet*, und die Juden, welche nicht *berechtigt* sind, Gemeindebürger zu werden. Uebrigens lässt sich nicht verkennen, dass gegenwärtig die Tendenz der Gesetzgebung auf Gleichberechtigung[1] gerichtet ist, und man dahin strebt, jedem Staatsbürger, sobald er die Erfordernisse dazu hat, die Berechtigung und auch gleichzeitig die Verpflichtung aufzuerlegen, irgend einer Gemeinde anzugehören. Namentlich ist dieser Grundsatz in Würtemberg durchgeführt worden[2] trotz

---

[1] *Gemeint ist hierbei vor allem die Gleichberechtigung der Juden, die rechtlich in vielen Staaten benachteiligt sind. Allerdings gibt es gelegentlich auch Zurücksetzungen unter den christlichen Konfessionen, etwa in Mecklenburg gegen alle außer den Lutheranern.*

[2] *Danach wurden die bisherigen „Heimatlosen", d. h. diejenigen für die keine bestimmte Gemeinde zuständig war, nach gewissen Regeln den Gemeinden zugeordnet, sodaß jeder eine „Hei-*

des lebhaftesten Widerspruches der adligen Grundbe-
sitzer.

Gehen wir nun, nach diesem Ueberblick der verschiedenen gesetzlichen Institutionen, wie sie sich, in
buntester Mannigfaltigkeit und doch mit gewissen ge-
meinschaftlichen Grundanschauungen, in den einzelnen
deutschen Staaten entwickelt haben, über zu der Be-
trachtung ihres Verhältnisses zu der Freizügigkeit (die
eigentlich kein politisches Recht ist, sondern eine Nega-
tion vernunftswidriger Beschränkungen und der Anspruch auf Wiederherstellung eines angeborenen Men-
schenrechts, eine Forderung, welche sich aus dem sozialen und wirthschaftlichen Charakter der menschlichen und bürgerlichen Gesellschaft ergiebt), so [55] wird
man vielleicht erwarten, dass wir eine Begründung und
Rechtfertigung dieser Forderung der Freizügigkeit vor-
ausschicken.

Allein wir glauben dies aus mehreren Gründen un-
terlassen zu können. Erstens verhält es sich mit dem
Beweise der Nothwendigkeit der Freizügigkeit etwa
eben so, wie mit dem Beweise, dass man berechtigt ist,
mit seinem eigenen Auge zu sehen, oder mit seiner eigenen Nase zu riechen. Er ist eben so leicht und eben
so schwer zu führen, wie dieser; und es kann mit Fug
und Recht behauptet werden, dass Derjenige, welcher
Beschränkungen einer natürlich-menschlichen und all-

---

*mat" hat, bzw. haben muß. In erster Linie wurde dabei die tat-
sächliche Niederlassung berücksichtigt, falls diese zu kurz zu-
rücklag: der Ort der Geburt.*

gemein-bürgerlichen Freiheit verlangt, seinerseits den Beweis der absoluten Nothwendigkeit derselben zu führen hat.

Zweitens haben *Bitzer* („Armenunterstützung und Freizügigkeit" Stuttgart und Oehringen. 1863)[1], *Lette* (Artikel „Freizügigkeit" in Rotteck und Welker's Staatslexikon)[2], *Rentzsch* („Gewerbefreiheit und Freizügigkeit" Dresden. 1861)[3]. Alles, was darüber zu sagen ist, besser und ausführlicher gesagt, als wir es, namentlich in Anbetracht der hier gezogenen Grenzen, zu sagen vermöchten. Auch haben wir selbst das unsrige dazu beigetragen in einer schon vor mehr als drei Jahren erschienenen Schrift: „Für Gewerbefreiheit und Freizügigkeit durch ganz Deutschland" (Frankfurt a. M. 1860)[4], die vielleicht desshalb einige Beachtung verdient, weil durch dieselbe die Einführung der Gewerbefreiheit und die Aufhebung mancher Beschränkungen der Freizügigkeit in dem Herzogthum Nassau inaugurirt worden ist.[5]

---

[1] *Neuauflage bei Libera Media, 2015.*

[2] *Wiedergegeben im Anhang zum Buch von Wilhelm Lette: Die Freizügigkeit, das wichtigstes Grundrecht der arbeitenden Klassen, Libera Media, 2015.*

[3] *Neuauflage bei Libera Media, 2015.*

[4] *Neuauflage bei Libera Media, 2015.*

[5] *Karl Braun war als Vorsitzender der Kammer maßgeblich an den Vorschlägen beteiligt, die er für die eingesetzte Kommission im nassauischen Parlament, den Landständen, vertrat.*

Endlich aber kann man es den Gegnern der Freizügigkeit füglich selber überlassen, einander gegenseitig den Garaus zu machen. Denn während die Einen sagen, die Neuanziehenden bestehen lediglich aus „Schund", sie sind alle Armenunterstützungs-Kandidaten und drücken unser Budget, behaupten die Andern, sie seien alle so treffliche und fleissige Arbeiter, dass die Angesessenen die Konkurrenz mit ihnen nicht bestehen könnten und ihrerseits der Armenkasse anheimfallen würden. Beide Behauptungen können nicht neben einander bestehen, und zum Glück sind sie, wie die Erfahrung zeigt, beide unwahr. Sie sind freilich noch so vielfach verbreitet, dass man nicht ermüden darf, sie in der Tagespresse, in Vorlesungen, Versammlungen und Vereinen, im persönlichen und mündlichen Verkehr unablässig und tagtäglich zu bekämpfen; in einer für ein wissenschaftlich gebildetes Publikum bestimmten Zeitschrift wird dies wohl nicht mehr nöthig sein.

Wir wollen daher, unter Verweisung auf die zitirten Bücher, uns [56] darauf beschränken, hier noch die Art der Durchführung der Freizügigkeit in Deutschland und die Voraussetzungen derselben zu erörtern.

Wenn gegenwärtig der Bürger O. aus dem deutschen Bundesstaate P. seinen Wohnsitz und sein Geschäft nach dem deutschen Bundesstaat N., Gemeinde M. verlegen will, so hat, wenn die Gesetzgebung des letzteren zum Geschäftsbetrieb das Bürgerrecht erfordert, folgende Manipulation stattzufinden. O. muss bei der Gemeinde M. unter Vorlage von öffentlichen Dokumenten oder Zeugnissen seiner Heimathsbehörde um Aufnahme in den Gemeindebürger-Verband nachsuchen. Nachdem aber dies Gesuch in vorgeschriebener Weise, nicht allzuschnell, verhandelt und Alles in Ordnung befunden worden ist, erhält er eine Entschliessung des Inhalts, dass seiner Aufnahme als Bürger der Gemeinde M. nichts im Wege stehe, Vorausgesetzt, dass die Regierung oder der Landesherr ihm das Staatsbürgerrecht (Indigenat) von N. ertheile. Darauf folgt dann das Gesuch um Aufnahme in den Staatsverband, welchem ebenfalls Nachweisungen über die persönlichen. und namentlich Vermögens-Verhältnisse und über die Zusage der Gemeinde in Betreff der Aufnahme als Ortsbürger beigefügt sein müssen. Darüber wird dann auch verhandelt, und zwar auch nicht citissime[1], und es erfolgt dann der Bescheid, dass man hohen Orts geneigt sei, den O. in den Staatsverband von N. aufzunehmen, wenn er die Entlassung aus dem Staatsverband von P. beibringe. Darauf muss O. diese Dekrete, die er bis jetzt erlangt hat, in P. vorlegen, um dort die Entlassung zu bewirken, welche er jedoch nur dann erhält, wenn seine Nachkommenschaft durch Geschlecht oder Alter mit der Konskription[2] nichts, noch nichts oder nichts mehr zu schaffen hat. Hat er die Entlassungsurkunde dort erhalten, so muss er diese wieder bei der Regierung von N. und bei der Gemeindebehörde von M. vorlegen, um dort die Aufnahme zu bewirken, welche ihm denn endlich gegen Stempelabgabe, Sporteln[3]

---

[1] *am schnellsten.*

[2] *Wehrpflicht.*

[3] *Entgelt der Untertanen, das bei gerichtlichen oder anderen*

und Einzugsgeld ertheilt wird. Dann hat er aber vorerst nur das Domizil[1] erlangt. Ob und welche Schwierigkeiten er noch weiter wegen des Geschäftsbetriebes haben wird, das hängt von der betreffenden Gewerbegesetzgebung ab, welche ihm vielleicht ihrerseits einen abermaligen Passionsgang von wenigstens ebensoviel Leidensstationen vorschreibt. So also geht es, wenn ein Deutscher in Deutschland eine Niederlassung und ein Geschäft gründen oder verlegen will.

Will er dasselbe in *Frankreich*, so hat er sich lediglich bei der Polizei und zur Besteuerung anzumelden, und wenn er eine Zeit lang [57] dort gewohnt hat, so wird ihm auf dem Wege der Naturalisation auch das französische Bürgerrecht zu Theil. So treibt denn Deutschland seine tüchtigsten und regsamsten Köpfe über die stets offene französische Grenze, weil die Grenzen innerhalb des deutschen Gebiets entweder ganz verschlossen oder nur mit Mühe zu öffnen sind.

Der erste erhebliche Anlauf zur Beseitigunig jener Unterbindungen des gesellschaftlichen und wirthschaftlichen Blutumlaufes findet sich in den „deutschen Grundrechten"[2]. Dieselben sind nicht in Vollzug getreten; allein, auch abgesehen davon, würden sie schwerlich vollständige Abhülfe gewährt haben. Denn wenn sie auch den Grundsatz aufstellen:

Amtshandlungen an den Beamten zu entrichten ist.

[1] *offizieller Wohnsitz.*

[2] *Bei durchlaufender Zählung ist das § 133 der Verfassung.*

„Jeder Deutsche hat das Recht, an jedem Orte des Reichsgebietes seinen Aufenthalt und. Wohnsitz zu nehmen, Liegenschaften jeder Art zu erwerben und darüber zu vergügen, jeden Nahrungszweig zu betreiben und das Gemeindebürgerrecht zu gewinnen",

so fügen sie doch bei, dass die Bedingungen für den Aufenthalt und Wohnsitz durch ein *„Heimathsgesetz"* und jene für den Gewerbebetrieb durch eine *„Gewerbeordnung"* noch geregelt werden sollen. Damit ist denn jener Grundsatz hinsichtlich seines Inkrafttretens wieder suspendirt bis zum Erlass jener Einzel-Gesetze und -Verordnungen. Es ist mit der andern Hand genommen, was mit der einen gegeben war. Es ist ein Prinzip proklamirt mit dem Beifügen, dass es vorerst noch nicht gelten solle.

Da nun viele deutsche Staaten, und darunter merkwürdiger Weise Preussen an der Spitze, noch an den Zunftgesetzen festhalten[1], und die Vielstaaterei einerseits, und die mangelhafte Bundesverfassung andererseits, eine prinzipgerechte Regelung des Heimathsrechts, etwa auf Grund eines allgemeinen deutschen Bürgerrechtes, das aber statt des Staatenbundes einen Bundesstaat voraussetzen würde, erschweren, so ist die Gesetzgebung in einzelnen deutschen Territori-

---

[1] *„Merkwürdig" erscheint das Karl Braun, weil Preußen in anderen Hinsichten, etwa der inneren Freizügigkeit, eher durch eine relativ liberale Gesetzgebung auffällt.*

en, ähnlich wie der volkswirthschaftliche Kongress von 1860, auf die Idee gekommen, zu unterscheiden zwischen politischer und wirthschaftlicher Freizügigkeit und unter theilweiser Einführung der letzteren, es bezüglich der ersteren beim Alten zu lassen.

Der Zuziehende erhält demnach das Recht, zu wohnen und zu arbeiten, aber er erhält in der Zuzugs-Gemeinde sonst keinerlei Berechtigung, ausser der Mitbenutzung der öffentlichen Anstalten, wie Schulen, Brunnen, Strassen, Beleuchtung, wofür er indess, ohne Gemeindebürger zu sein, seine Gemeindesteuer bezahlen muss.[1] Hin-[58]-sichtlich des Heimaths-, des Gemeinde- und des Staatsbürgerrechts bleibt er in seinem bisherigen Status.

Man hat aber meistens selbst diese sich auf das soziale und volkswirthschaftliche Gebiet beschränkende und das politische und kommunale ausschliessende Freizügigkeit minoris gradus[2] in der Regel beschränkt auf „Inländer", bei welchen indess auch gewisse Zurückweisungsgründe eintreten. Bei „deutschen Ausländern" ist gewöhnlich das Erforderniss der Rezipirozität aufgestellt, bei nichtdeutschen Alles dem liberum arbitrium[3] der Verwaltungsbehörden anheim gestellt.

---

[1] *Das scheint Karl Braun einem Prinzip „no taxation without representation" zu widersprechen.*

[2] *in einem geringeren Ausmaß.*

[3] *Willensfreiheit.*

Es handelt sich also auch hier um Beschränkungen des Freizügigkeits-Begriffes hinsichtlich seines Umfanges oder Inhalts und hinsichtlich der Personen, auf welche er angewandt wird. Sprechen wir zuerst von den letzteren. Es ist nicht abzusehn, welcher Unterschied in wirthschaftlicher Beziehung durch die Verschiedenheit der Nation oder des Namens oder der Territorialangehörigkeit des Zuziehenden zuwegegebracht wird. Für die Verwerthung des Kapitals oder der Arbeitskraft, welche Zulassung begehren, ist es ganz einerlei, ob jenes in Paris gesammelt ist oder in Liechtenstein, ob diese diesseits oder jenseits der Landesgrenze grossgezogen worden ist. Wer seinem noch nicht zur gehörigen Einsicht durchgedrungenen Nachbarlande gegenüber noch zu Reziprozitäts-Prinzip und Repressalien greift, der schadet zwar seinem eigensinnigen Nachbarn, aber noch mehr sich selbst; denn er verscherzt sich das Anwachsen von Kapital- und Arbeitskraft und die Steigerung der Produktion. Frankreich kennt eine solche Unterscheidung schon lange nicht mehr und befindet sich wohl dabei.

Was die Beschränkung des Inhalts der Freizügigkeit auf deren wirthschaftliche Seite anlangt, so ist damit wohl vorerst einem wesentlichen Missstand abgeholfen, allein wir hegen starke Zweifel, ob man damit auf die Dauer auslangen wird.

Nehmen wir an, es hat Jemand auf den Grund dieser bloss wirthschaftlichen Freizügigkeit seine Heimath verlassen und in irgend einer Gemeinde eines anderen deutschen Staates sich niedergelassen und ein Geschäft gegründet, natürlich ohne daselbst Heimaths- oder

Gemeinde- und Staatsbürgerrecht zu erwerben; in Folge von Unglücksfällen oder Erlöschen seiner Arbeitskräfte geht es ihm später schlecht: — dann hat die Zuzugsgerneinde das Recht, ihn in seine Heimathsgemeinde zurückzuschicken. Es ist das eine grosse Härte sowohl gegen den Mann, als gegen seine Heimathsgemeinde, die einander durch des ersteren Jahrzehnte lange Abwesenheit völlig entfremdet sind. Warum soll Derjenige, [59] welcher in seiner Niederlassungs-Gemeinde seine guten Tage zugebracht hat, verhindert werden, auch seine schlechten da zuzubringen? Warum soll diejenige Gesellschaft, welche ein Menschenalter hindurch allen Nutzen von seinem Besitz und seiner Person, von seiner Kapital- und seiner Arbeitskraft bezogen hat, ein Recht haben, in dem Falle der Möglichkeit, dass auch er seinerseits einmal etwas von ihr verlangen kann, ihn wie ein Stück falsches Gold zurückzuschicken an Den, von welchem sie ihn empfangen? Warum soll die Heimathsgemeinde, welche den Mann seit seiner frühen Jugend nicht mehr kennt, die nie einen Vortheil von ihm gehabt und ihn nur gross gezogen hat für die Andern, die Lasten tragen? Es ist naturwidrig, eine untrennbar verbundene wirthschaftlich-politische menschliche Existenz gleichsam in zwei verschiedene Seiten zu zerschneiden auf dem Wege einer Abstraktion, der der lebendigen Individualism [sic] widerstrebt. Wo Jemand wirthschaftlich wohnt, da soll er auch politisch wohnen oder wenigstens wohnen können. Die entgegengesetzte Einrichtung führt auch nothwendig zu Konflikten zwischen der Gesetzgebung und der Verwaltung in den einzelnen deutschen Staaten. In sehr vielen derselben wird das Heimathsrecht durch Nichtgebrauch, d. h. durch Abwesenheit während einer Reihe von Jahren, verloren. Sobald die Zuzugsgemeinde und die Heimathgemeinde verschiedenen Ländern angehören und in dem Lande der letzteren das Gesetz der Verwirkung des Heimathsrechtes gilt, wird Derjenige, welcher von der blos wirthschaftlichen Freizügigkeit Gebrauch macht, politisch heimathlos, da er das Heimathrecht in dem Wohnsitz verliert, und in dem neuen nicht erwirbt. Ueberhaupt führt jene Trennung zwischen dem Wohnsitz und dem Heimathssitz, wenn sie gegen die Wünsche und Bedürfnisse der Individuen von der Gesetzgebung unter dem Einflusse des Gespensterglaubens an ein durch volle Freizügigkeit heraufzubeschwörendes Proletariat[1] auf die Dauer eigensinnig festgehalten wird, zu einer heillosen Konfusion; denn es ist dabei nicht möglich, auf eine längere Zeit hinaus, etwa mehrere Generationen hindurch, das Heimathsrecht klar und evident zu erhalten, was in einem einheitlichen Staate am Ende nicht von so grosser Wichtigkeit, dagegen in einem Staatenbunde, wo die Territorien so durch einander laufen, wie in Deutschland, unumgänglich nothwendig ist, wenn nicht ewige Konflikte und Reklamationen zwischen den Regierungen oder zwischen den Gemeinden entstehen sollen dadurch, dass man nicht weiss, gehört der Mann dem Staat und der Gemeinde, wo er jetzt wohnt, oder dem

---

[1] *Die ursprüngliche Bedeutung ist hier in Anlehnung an den römischen Gebrauch („proles") ist die einer ungebundenen, verwahrlosten und arbeitslosen Unterklasse. Die ideologische Umdeutung unter dem Einfluß französischer Sozialisten als „alle, die hauptsächlich von ihrer Arbeit leben" ist zwar schon um die Zeit bei den einschlägigen politischen Richtungen anzutreffen, aber noch nicht allgemeiner Sprachgebrauch wie heute.*

Staate und der Gemeinde, wo er oder seine Vorfahren [60] vor Jahren gewohnt haben. Solche Konflikte haben ihren Grund theils in Leistungen, welche die betreffende Person an den Staat oder die Gemeinden (Zivil- oder Kirchen-Gemeinden) zu leisten hat, theils in Ansprüchen, die er an den Staat oder an die Gemeinde erhebt. In dem ersteren Fall werden sowohl der frühere als der jetzige Wohnort und Staat geneigt sein, ihn als den Ihrigen anzuerkennen, in dem letzteren werden sie beide geneigt sein, ihn zu verleugnen. Wo es sich um Konskription, Gemeinde-, Staats- und Kirchensteuern handelt, wird er in Gefahr sein, eine doppelte Heimath zu besitzen; dagegen, wenn er Anspruch auf Unterstützung, oder irgend eine andere Forderung geltend macht, wird er sich von dem Schicksal der Heimathslosigkeit bedrohet sehen. In Betreff der Konskription liegt die Gefahr der Konflikte um so näher, als die Verheissung der Bundesakte vom 8. Januar 1815, dass die Bundesversammlung die Einführung gleichmässiger Grundsätze in Betreff der gesetzlichen Vorschriften über die Militairpflicht für das ganze deutsche Bundesgebiet zu Wege bringen werde, damit wegen der noch obwaltenden grossen Verschiedenheit dieser Vorschriften nicht ein ungleichartiges, für einzelne Bundesstaaten nachtheiliges und den Uebertritt aus dem einen in den andern hinderndes oder erschwerendes Verhältniss entstehe, unerfüllt geblieben ist.

Die Missstände, welche sich, wie in dem Obigen gezeigt, aus einer Trennung der wirthschaftlichen und politischen Freizügigkeit, ergeben, liessen sich am einfachsten beseitigen durch eine Vereinigung beider, indem man bestimmt, dass mit dem Aufenthaltsrecht auch das

35

Heimaths- und das Bürgerrecht erworben werde. Allein das geht nicht, so lange noch Staat und Gemeinde die Last der Armenpflege zu tragen, und die Gemeinde nicht nur ein politischer sondern auch ein mit der politischen Seite einheitlich und untrennbar verbundener wirthschaftlicher und finanzieller Gesammtverband ohne Unterabtheilung und Differenzirung ist. Ausserdem aber liegt weder in des Gemeinwesens, noch in des Individuums Interesse, jede Uebergangs- und wechselseitige Probezeit, in welcher der Zuziehende prüfen kann, wie ihm der Ort, und der Ort, wie ihm der Zuziehende gefalle, auszuschliesen *[sic]*.

Es ist also eben so wenig gerechtfertigt, das Aufenthalts- und das Heimathsrecht so vollständig zu identifiziren, dass sie einander decken, noch auch, sie so sehr zu trennen, dass sie sich in der Regel nicht vereinigen. Gegen die Missstände, welche auf der einen, und die, welche auf der andern Seite liegen. giebt es Abhülfe in jenem Regulator der Freizügigkeit, welcher bekannt ist unter der Benennung der [61] Naturalisation, d. h. in dem Anspruch der Ertheilung der Heimathsberechtigung, welcher erwirkt wird durch Ersitzung[1] oder durch einen mehrjährigen (am Besten etwa dreijährigen[2]) tadellosen Aufenthalt. Die Berechtigung zum Aufenthalt darf also an und für sich noch nicht das Heimathsrecht verleihen; dagegen soll, natürlich unbeschadet des Rechts der Gemeinde, es auf Ansuchen auch schon

---

[1] *Erlangung nach einer Wartezeit.*

[2] *Das entspricht dem Vorschlag von Friedrich Bitzer in seinem oben zitierten Buch.*

früher zu ertheilen, aus dem dreijährigen Wohnsitz innerhalb einer Gemeinde ein förmlicher Rechtsanspruch auf Ertheilung der Heimathberechtigung erwachsen, dessen Geltendmachung für den Zugezogenen jedoch nur bis zu einem gewissen Grade fakultativ sein darf. Allerdings kann man den Zugezogenen nicht zwingen, seine Heimath zu wechseln, wenn er nicht will. Aber man wird, ohne unbillig zu sein, nach Ablauf der vorgeschlagenen drei Jahre eine kategorische Erklärung von ihm drüber verlangen dürfen, ob er nunmehr in der neuen Gemeinde Heimathsberechtigung erwerben wolle oder nicht. Die Bejahung der Frage würde natürlich eo ipso[1] die Naturalisatien zur Folge haben. Im Falle der Verneinung würde die alte Gemeinde mit Recht eine Anerkennung des fortbestehenden Nexus[2] vermittelst einer Leistung, welche zugleich eine Assekuranzprämie[3] für den Fall der Rückkehr in schlechten Umständen bildete, verlangen können, die neue Gemeinde aber das Recht der Zurückverweisung in die alte Heimath erhalten oder behalten. Jene Abgabe besteht in manchen deutschen Staaten unter dem Namen Bürger-Rekognitios-Geld[4] *[sic]* oder Heimaths-Rekognitions-Abgabe. Sie ist gerechtfertigt, wenn der Uebergezogene[5] sich aus irgend welchen Gründen auch dann noch,

---

[1] *gerade dadurch, von selbst (wörtlich: durch sich selbst)*

[2] *Verbindung, Zusammenhang.*

[3] *Versicherungsprämie.*

[4] *Es soll wohl „Rekognitions-Geld" heißen.*

[5] *Umgezogene, Zugezogene.*

wenn mehrere Jahre seit dem Ueberzug verflossen, und vorausgesetzt, dass die Naturalisation ipso jure[1] durch den Zeitablauf eintritt, weigert, seinen Wohnort und seine Heimath zu identifiziren, während dies im Interesse der beiden betheiligten Gemeinden und des Staates liegt. Gleichzeitig muss dem entsprechend die Verjährungszeit geregelt werden, innerhalb welcher das Bürger- oder Heimathsrecht durch Nichtgebrauch erlischt.

Diese Reform bezüglich des Heimathsrechtes liesse sich verwirklichen auch bei der gegenwärtigen Bundesverfassung[2], d. h. wenn Deutschland ein Staatenbund und nicht ein Bundesstaat bliebe. Ein Staatsbürgerrecht freilich setzt einen Staat voraus, und ein allgemeines deutsches Staats- oder Reichsbürgerrecht erfordert einen Gesammtstaat, einen Bundesstaat an der Stelle eines völkerrechtlichen Staatskomplexes. Eine gemeinsame, gleichmässige Regelung der Heimathverhältnisse dagegen ist auch in einem Staatenbunde möglich. Indess darf man sich [62] nicht auf die Gothaer Konvention[3] beziehen. Diese ist nur eine negative Regelung der Verhältnisse der Heimathslosen; daneben bedürfte es einer positiven Regelung über die Verhältnisse der Heimathsberechtigten in dem Falle des Ueberzugs der-

---

[1] *kraft Gesetzes, von Rechts wegen, (wörtlich: durch das Recht selbst), d. h. ohne Zutun der Beteiligten, allein durch das Recht.*

[2] *der Verfassung des Deutschen Bundes.*

[3] *Gothaer Vertrag vom 15. Juli 1851 zwischen verschiedenen deutschen Staaten „wegen gegenseitiger Übernahme der Ausgewiesenen und Heimatlosen".*

selben aus einem Staate in den andern. Die gemeinschaftliche Basis zu einer solchen Ordnung der *fördera-
len* Heimathsverhaltnisse, welche rechtlich in der Mitte
liegen zwischen den *bundesstaatlichen* und den *interna-
tionalen*, ist nur zu finden in dem Grundsatze der Naturalisation und in der gleichmässigen Fixirung der Natu-
ralisationszeit und der Zeit, in welcher das Heimathsrecht durch Nichtgebrauch erlischt. Denn ist die
letztere ungleich, so entstehen aus solchen Abweichun-
gen abermals Konflikte, in welchen der eine Ort oder
Staat behauptet, den betreffenden Mann bereits erworben, und der andere, ihn noch nicht verloren zu haben,
wobei denn freilich der erstere Ort, an welchem er
wohnt und sein Vermögen und Geschäft plazirt hat,
nach dem Grundsatze: „beati possidentes"[1] im Vortheil
ist.

Eine gemeinschaftliche Regelung der Heimathsver-
hältnisse auf der Basis, dass alle deutschen Staaten ihrer
Partikulargesetzgebung das Prinzip der Naturalisation
durch einen Zeitablauf von drei Jahren zu Grunde legen, würde auf keinerlei materielle Schwierigkeiten stos-
sen. Formell würde sie am korrektesten in Form eines
Vertrages ausgesprochen. Für die wirthschaftliche Seite
der Frage würde indess auch ein gemeinschaftlich zu
redigirendes und dann in den Einzelstaaten zu Stande
zu bringendes und zu publizirendes Gesetz von derselben Wirkung sein, obgleich diese Form politische Be-

---

[1] *Wörtlich: „glücklich die Besitzenden", Prinzip des römischen
Rechts, daß nicht der Besitzer die Rechtmäßigkeit nachweisen
muß, sondern derjenige das Gegenteil, der dies bestreitet.*

denken gegen sich hat.

Auf das Nachdrücklichste aber müssten wir davor warnen, auf eine solche Vereinbarung, deren Zustandekommen bei der Zerfahrenheit unserer öffentlichen Zustände immerhin für die nächste Zukunft noch sehr zweifelhaft ist, in der Art zu warten, dass man bis dahin die Reformen in den Einzelstaaten verschiebt. Das wäre, unter Umständen eine Verlegung ad Calendas Graecas[1]. Diejenigen Staaten, welche mit Reformen im Sinne der Freizügigkeit vorschreiten, werden den Vortheil davon haben; sie werden den engherzigen Regierungen, welche zurückbleiben immer mehr Kapital und Arbeitskraft entziehen und dadurch sie zwingen, auf der Bahn der Verbesserungen, wenn auch widerwillig, nachzufolgen. Volentem fata ducunt, nolentem trahunt.[2] Bei Konflikten über das Heimathsrecht werden die Staaten von liberaler Gesetzgebung nicht zu kurz kommen. Sie sind im Besitz der durch das Prinzip der Naturalisation herangezogenen Elemente, und da es an einem Tribunal [63] fehlt, welches ihnen den Besitz absprechen könnte, so werden sie jeden Konflikt ruhig im Sande verlaufen machen.

Dass die Folge des Naturalisationsprinzips auch eine

---

[1] *Die „Kalenden" waren bei den Römern der erste Tag des Monats. Die Griechen kannten keine Kalenden, weshalb „an den griechischen Kalenden" so viel bedeutete wie: am St. Nimmerleinstag.*

[2] *Zitat von Seneca: „Den Willigen führt, den Unwilligen zerrt das Schicksal dahin."*

Erleichterung der Erwerbung des Indigenats und des Gemeindebürgerrechtes sein muss, versteht sich von selbst. Theilnahme und Eintritt in vermögensrechtliche Ansprüche und Bezüge rechtfertigt ausnahmsweise ein Einkaufsgeld; jedoch muss die Gesetzgebung durch Ziehung fester Schranken dafür sorgen, dass nicht das Einkaufsgeld, das Rekognitionsgeld u. s. w. zu Brandschatzungen ausarten.

Was endlich die Verehelichung anlangt, so sollte man doch endlich aufhören, der Heimaths- oder Niederlassungsgemeinde ein Veto dagegen einzuräumen oder die Erlaubniss von dem Nachweise eines Nahrungsstandes oder dem Antritte des Staats- und Ortsbürgerrechtes abhängig zu machen.[1] Was gewinnt man durch Verhinderung einer Heirath? An die Stelle einer Ehe tritt ein Konkubinat, an die Stelle der ehelichen Kinder, treten uneheliche. Ein bayerischer Schriftsteller hat nachgewiesen, dass, wenn in Bayern innerhalb der letzten hundert Jahre die Niederlassungs- und Ehegesetze strenge gehandhabt worden wären, d. h. wenn Niemand geheirathet hätte und Niemand zur Welt gekommen wäre, als wie es nach dem Gesetze soll und darf, dass dann die Bevölkerung des Königreichs bereits ausgestorben wäre. Die gütige Mutter Natur hat dies glücklich verhindert! — Unsere Statistik weist nach, dass die Zahl der Ehen in Deutschland in den letzten vierzig Jahren im Abnehmen ist. Der Prozentsatz der

---

[1] *Eine in der Zeit in vielen deutschen Staaten durchaus übliche Regelung. In Preußen ist dies nicht mehr der Fall, aber wie der Artikel „Ein deutsches Schneidergesellenleben" im Anhang zeigt, durchaus noch für Ausländer relevant.*

verheiratheten Männer und Frauen beträgt im Verhältniss zur Gesammtbevölkerung 1863 ein Bedeutendes
weniger als 1823; namentlich verringern sich die Ehe-
schliessungen in den höheren Ständen. Die römischen
Cäsaren erliessen Verordnungen, durch welche sie die
Ehe prämiirten, indem sie über Cölibatäre[1] allerlei
Nachtheile verhängten. Sollen wir die entgegengesetzte
Politik verfolgen, indem wir dafür sorgen, dass die Welt
entweder ausstirbt oder sich nur noch ausserehelich
fortplanzt?

---

[1] *Unverheiratete.*

III.

Die Forderung der Freizügigkeit wird. wie gesagt, von wissenschaftlicher Seite schwerlich prinzipiell bestritten werden können. Die Schwierigkeiten, welche ihrer Realisirung entgegenstehen sind anderer Art.

Zunächst bringt man die Frage der Freizügigkeitl in Zusammenhang mit der *Armenpflege* einerseits, und mit allen jenen *Beschränkungen* [64] *der Erwerbsthätigkeit,* welche in den meisten deutschen Staaten noch bestehen, andererseits. Man sagt, unter Verweisung auf die angeblich in England gemachten Erfahrungen: „So lange der Staat für sich die obligatorische Armenpflege als Grundsatz aufstellt und auch die unter seinen Gesetzen und seiner Gewalt befindlichen Verbände und Korporationen zwingt, diesem Prinzip nachzuleben, wird durch unbedingte Freizügigkeit Denjenigen, welchen die Aufbringung der Mittel für die öffentliche Armenpflege obliegt, eine unerträgliche und ruinirende Last aufgeladen. Es bedarf daher, ehe man zur Freizügigkeit übergeht zuvor einer durchgreifenden Reform unserer Armengesetzgebung. Dann aber: Was will man denn mit der Freizügigkeit, so lange noch alle jene Hindernisse, welche eine erhebliche Steigerung der Produktion unmöglich machen, von der Gesetzgebung; aufrecht erhalten werden? Wo soll die entfesselte, frei zirkulirende Arbeitskraft Beschäftigung und Erwerb finden, so lange noch unsere Gewerbegesetzgebung besteht, in welcher ein möglichst hoher Grad von Scharfsinn aufgeboten ist, um Vorschriften aufzustellen, welche es dem Menschen unmöglich machen, sich gemeinnützig[1] und produktiv zu beschäftigen? Oder wie ist überhaupt eine freie Zirkulation der Arbeitskräfte über das ganze Wirthschaftsgebiet denkbar, so lange die Beschränkungen der Handelsfreiheit[2], die internationale Arbeitstheilung unmöglich machen, so lange der Kredit dem Arbeiter mehr oder weniger unzugänglich gemacht oder erschwert ist durch die bestehenden Zinswuchergesetze[3], durch Vorenthaltung der den Kredit- und Vorschuss-Vereinen[4] zukommenden Rechte einer juristischen Person, durch Beschränkung der Bankfreiheit[5], durch Vertheuerung des Realkredits[6] mittelst einer kostspieligen und schwerfälligen Hypotheken-Einrichtung und sonstiger Umstände, welche verhindern, dass über-

---

[1] Private Produktivität ist für Karl Braun hier selbst schon gemeinnützig, weil sei weitere Werte schafft.

[2] Freihandel.

[3] Das Argument von Volkswirten wie Karl Braun ist hier, daß bestehende Beschränkungen für maximale Zinsen, die genommen werden dürfen, effektiv auf ein Verbot des Kredits für diejenigen hinauslaufen, die diesen wegen geringer Sicherheiten und Bonität nur zu solchen Zinsen erhalten können.

[4] Besser bekannt unter dem Namen „Volksbanken", die sich aber zunächst aufgrund der unklaren rechtlichen Lage als derartige Vereine bilden müssen.

[5] Freiheit, Banken zu gründen und betreiben, was etwa für genossenschaftliche Banken in der Zeit noch schwer möglich ist.

[6] Kredit mit Sicherheiten wie Grund und Boden oder Immobilien.

haupt das Kapital in die richtigen Hände gelange, d. h. in diejenigen, in welchen es am produktivsten arbeitet? Wie können die ländlichen Arbeitskräfte frei zirkuliren, wenn ihnen durch das Verbot des Erwerbs von Liegenschaften oder durch Untheilbarkeit oder Beschränkung der Theilbarkeit des Grundeigenthums die Erwerbung ihres Produktionsinstruments unmöglich gemacht ist? Wie können es die gewerblichen und industriellen Arbeitskräfte, so lange unsere indirekten Steuern bestehen, welche, wie Prince-Smith[1] ganz richtig sagt, ihrer Natur nach nichts sind, als Geldstrafen, mit welchen die mannigfachsten und nützlichsten produktiven Thätigkeiten (z. B. das Betreiben einer Spiritusbrennerei, das Backen von Brod und das Herrichten von Schlachtfleisch, das Einsalzen von Fleisch, das Verwenden von Salz [65] beim Viehfutter oder bei der Fabrikation von Glas, Chemikalien u. s. w.) von der Staatsgewalt heimgesucht werden.[2] Ehe wir also die unbeschränkte Freizügigkeit einführen, müssen wir zuvor unsere Armenpflege neu

---

[1] *John Prince-Smith (1809-1874) kam als Englischlehrer nach Preußen. Bereits im Vormärz setzte er sich für den Freihandel in Deutschland ein. Er wurde dabei ein Mentor für vieler liberaler Ökonomen wie Otto Michaelis, Max Wirth oder Julius Faucher, die später führende Teilnehmer des Kongresses Deutscher Volkswirte waren. Von 1861 bis 1866 gehörte er dem Preußischen Abgeordnetenhaus an, von 1871 bis 1874 als Nationalliberaler dem Deutschen Reichstag.*

[2] *In verschiedenen Ländern gibt es zu der Zeit Monopole für die Gewinnung von Salz (Bayern, Österreich) oder den Handel damit (Preußen). Hierdurch verschafft sich der Staat eine einträgliche Einnahme als eine indirekte und regressive Steuer, die unverhältnismäßig die ärmeren Bevölkerungsschichten trifft.*

organisiren. Wir müssen an die Stelle der obligatorischen Intervention des Staats und der unter ihm stehenden Institute der Gutsherrschaft, der Gemeinde, der Provinzen oder sonstigen Armenverbände das Prinzip der Selbsthülfe in möglichster Ausdehnung setzen. Wir müssen zuvor die Zunftgesetze und sonstigen Beschränkungen der freien gewerblichen Thätigkeit aufheben, und gleichzeitig die Entfesselung und Theilbarkeit des Grundeigenthums durchsetzen, damit der entfesselte Strom der freien Arbeitskraft sich nach Bedürfniss in die verschiedenen Zweige der gewerblichen und der ländlichen Arbeit vertheile. Es muss die Kapitalfreiheit, die Tarifreform[1], die Steuerreform, die Abschaffung des Salzregals und der sonstigen Monopolien vorausgehen, sonst geben wir mit der Freizügigkeit dem Arbeiter ein Recht, welches ihm selbst keinen Vortheil und dem Gemeinwesen Nachtheil bringt."

Wir haben in dem Obigen uns bemüht, alle diejenigen Einwendungen, welche man einzeln der Ausführung der Freizügigkeit entgegenstehen hört, möglichst vollständig *zusammen zu stellen*, um sie möglichst vollständig *widerlegen* zu können. Die Männer, von welchen diese Einwendungen ausgehen, bestreiten nicht die Freizügigkeit *im Prinzip*, aber sie sind ängstlich *in der Ausführung*. Sie verweisen auf die oben aufgezählten wirthschaftlichen Missstände und ausserdem auf eine Reihe anderer Schwierigkeiten, welche sich aus der unter Absatz II. erörterten Komplizirtheit der politischen Verhältnisse in Deutschland ergeben, und welche

---

[1] *Mit Tarifen sind hier Zölle gemeint (wie im Englischen „tariff").*

Studien über Freizügigkeit

Demjenigen, der in dergleichen Dingen praktisch arbeitet, nur zu wohl bekannt sind und ihm ein schmerzli-
ches Lächeln ablocken über die kühne Behauptung „die
Gewerbefreiheit und Freizügigkeit seien Dinge, welche
man nur einfach zu dekretiren habe." Wir, die Wir uns
seit Jahren mit der Ausführung beschäftigen, wissen nur
zu wohl, welche sauere Arbeit wir noch zu verrichten
haben.

Wir können nicht bestreiten, dass alle jene Dinge,
dass die Freizügigkeit, die Armenpflege, die Befreiung
der Arbeit, des Kapitals, des Grundeigenthums, des
Kredits, des Handels von allen jenen Fesseln, welche
ihnen der Feudalismus, der Polizeistaat und der Mangel
an wirthschaftlicher Einsicht angelegt haben, in einem
engen Zusammenhange mit einander stehen.

Sobald einmal irgend eine Gewalt, mag sie sich nun
Staat nennen [66] oder wie sonst, mit plumper, störender
Faust in die organische Bewegung des wirthschaftlichen
Lebens eingegriffen hat, wird sie gleichsam durch ihr
falsches Prinzip gezwungen, Schritt vor Schritt darin
weiter zu gehn, wie ein Eroberer stets neue Provinzen
an sich reissen muss, um die bedrohten Grenzen seiner
früheren Eroberungen zu decken. Wenn wir heute die
freie Arbeit in eine Zunft einzwängen, so rufen uns
morgen die Zünftigen[1] um immer neue Beschränkungen, Verbietungs- und Bannrechte, Monopole und Pri-
vilegien an, und wir können sie ihnen nicht weigern. Sie
sind unsere Geschöpfe. Wir haben sie der treuen Mut-

---

[1] *die Mitglieder von Zünften.*

ter, die sie nährte, der freien wirthschaftlichen Entwik-
kelung, entrissen. Wir haben sie isolirt, folglich müssen
wir sie „schützen." Aber nicht nur die Zünftigen, auch
die Nichtzünftigen rufen uns um Schutz an. Sie sagen
uns mit Fug und Recht: „Du verbietest uns zu arbeiten,
obgleich wir es wollen und können, so gut, wie die
Zünftigen; Du beraubst uns unserer Selbstständigkeit
und folglich auch unserer Selbstverantwortlichkeit; wir
können nicht mehr für unsere Subsistenz aufkommen,
denn wir sind nicht mehr wirthschaftlich frei; Du bist
der Herr, wir sind Deine Sklaven: füttere, Deine Sklaven!" Was ist darauf zu antworten? Ich darf jemanden,
der leidet, oder auch nur zu leiden vorgiebt, weil ich
ihm den freien Gebrauch seiner Kräfte entzogen habe,
nicht leiden lassen, wenn ich die Mittel habe, es zu ändern. Daraus folgt denn die obligatorische Armenpflege
des Staats, welche eigentlich ein Stück gesetzlich gere-
gelten Kommunismus ist. So erscheint der Polizeistaat
und der Feudalismus als der Ursprung des Kommunismus, ein Verwandtschaftsverhältniss, das sich ja auch in
den Fluktuationen der neuesten Gegenwart offenbart.
Man vergleiche das Triumvirat Lassalle-Wagner-Panse.[1]

---

[1] *1863 nimmt Ferdinand Lassalle (1825-1864) seine Propaganda
für den kleinen Allgemeinen Deutschen Arbeiterverein (einen
Vorläufer der heutigen SPD) auf. Er greift dabei vor allem die
Deutsche Fortschrittspartei an, die im Preußischen Verfassungs-
konflikt auf der Einhaltung der Verfassung beharrt, die von Ministerpräsident Bismarck durch eine budgetlose Regierung gebrochen wird. Von Seiten der Deutschen Fortschrittspartei (der
Karl Braun nahesteht) wird vermutet, daß die Arbeit der Sozialisten von der Regierung subventioniert wird. Jedenfalls argu-
mentieren auch Konservative wie der Redakteur der „Neuen
Preußischen Zeitung" (besser bekannt als „Kreuzzeitung") Her-*

Studien über Freizügigkeit

In den Ländern, wo das Grundeigenthum untheilbar oder sonst wie in feudaler Erstarrung befangen ist, strömt die überflüssige Arbeiterbevölkerung nach der Stadt, welche ihrer Seits sie nicht zu beschäftigen weiss, weil sie nach dem platten Land zu wenig Absatz hat. Die Städte schreien also um Schutz; und es muss schliesslich in der Stadt die Gewerbefreiheit und die Freizügigkeit abgeschafft werden, weil auf dem Lande das Grundeigenthum unfrei ist. Und umgekehrt. So erzeugt ein Uebel das andere, und eins dient als Vorwand, um die andern beizubehalten. Daraus folgert man denn, dass man diese Uebel alle mit einem Schlag radikal ausrotten, und so lange man das nicht könne, sich dessen getrösten müsse, sie eins mit dem andern und alle zusammen vorerst sich noch gefallen zu lassen. Oder man streitet, an [67] welchem Punkt man mit der Reform zu beginnen habe. Der Eine will mit der Reform der Armengesetzgebung anfangen und so lange bis er damit fertig ist, einstweilen noch die Beschränkungen des Niederlassungsrechtes beibehalten wissen; der Andere will die Arbeit in umgekehrter Reihenfolge vorgenommen haben. Dieselbe Erscheinung wiederholt sich auch auf anderen wirthschaftlichen Gebieten. Man macht die Abschaffung der Transitzölle abhängig von Ermässi-

---

mann Wagener (1815-1889) mit sozialistischen Stichworten gegen die Fortschrittspartei. (Es ist trotz der Schreibweise eher unwahrscheinlich, daß der staatssozialistische Ökonom Adolph Wagner (1835-1917) gemeint ist, der erst später eine bestimmende Rolle spielen wird.) Der dritte im Bunde ist der Schuhmachermeister Panse, der für die Konservativen gegen die Fortschrittspartei auftritt.

gung der Flusszölle, und umgekehrt. Wenn von der Reform des Zolltarifs die Rede ist, so bestreitet man zwar nicht die Nothwendigkeit der Ermässigung oder Abschaffung einzelner Zollsätze, aber man hat bei jeder Konzession, welche man dem Freihandelsprinzip macht, eine Bedingung zu stellen, deren *vorherige* Erfüllung man verlangt. Während man bereitwillig die Unabweisbarkeit der Tarifreformen zugiebt, welche die Folge des Handelsvertrages mit Frankreich[1] sein werden, verlangt man, dass der letztere nicht eher in das Leben trete, als bis der Transporttarif auf unseren Eisenbahnen so niedrig wie in England und Belgien, gesetzt, namentlich für schwere und billige Artikel der Ein-Pfennig-Satz für die Meile allgemein eingeführt, bis alle Uebergangsabgaben von Wein, Tabak, Spiritus etc. beseitigt, die Flusszölle und die Bergwerkssteuern, das Salzmonopol und wer weiss, was noch für sonstige Uebelstände abgeschaft *[sic]* seien. Gewiss, ein Herkules, der die Gewalt hatte, den ganzen Augiasstall mit einem Schlage, zu fegen, würde damit ein höchst verdienstliches Werk thun. Wir leben nicht mehr im mythischen Zeitalter. Wie sich unsere Geologen immer mehr überzeugen, dass es nicht Erd-Revolutionen, sondern sich durch viele Jahrtausende hinziehende Erd-Evolutionen waren, welche unserem Weltkörper seine jetzige Oberflache gegeben haben, so müssen wir uns auch in der Politik und in der Volkswirthschaft überzeugen, dass die Weltgeschichte nicht mit Siebenmei-

---

[1] *Frankreich hat den Staaten des Deutschen Bundes einen Handelsvertrag vorgeschlagen, der von Preußen positiv aufgenommen wird, während die süddeutschen, eher protektionistisch gesinnten Staaten sich dagegen sträuben.*

lenstiefeln marschirt, sondern langsam, Schritt vor Schritt, und dass wir unsere Reformen eine nach der andern vornehmen müssen, jede dann, wenn sie an der Reihe, d. h. wenn sie reif ist. Die Reform der Niederlassungsgesetze aber ist reif in Deutschland, sie ist überreif und wäre längst schon ausgeführt, wenn nicht die komplizirte Gestaltung unserer politischen Verhältnisse die Sache schwierig (aber, wie oben unter II. gezeigt worden ist, durchaus nicht unmöglich) machte.

Der neueste deutsche Schriftsteller über „Freizügkeit" *[sic]*, Oberregierungsrath *Bitzer* in Stuttgart, resümirt seine Ansicht so:

„Die Reform der Armenpflege und die Durchführung der Freizügigkeit greifen so nicht nur in der Richtung in einander ein, dass [68] die letztere die erstere zur Bedingung hat, sondern sie liegen auch insofern in einer Linie, weil beide erhöhete Ansprüche an die Einzelnen und die verschiedenen Kreise der Gesellschaft machen. Die Freiheit der Ansässigmachung und Niederlassung löst zwar manche Bande, welche den Einzelnen bis jetzt bei wichtigen Schritten seines Lebens beengten, allein sie giebt ihm auch die volle Verantvvortlichkeit für sein Thun zurück, sie macht ihn zum Herrn seines Schicksals auch in dem Sinne, dass er die Folgen seiner Entschlüsse selbst zu tragen hat, und die Reform der Armenpflege zieht hieraus die praktische Folgerung, dass sie ihm das Ruhekissen der stets bereiten öffentlichen Armenunterstützung wegnimmt und ihn auf seine eigene Kraft verweist. Das ist ja die grosse Lehre, welche die soziale Wissenschaft, wie die Erfahrung der Kulturvölker unserer Zeit immer und immer wieder vor Augen stellen: dass die Einzelnen, wie ganze Völker, die höchste Stufe irdischen Wohlergehns nicht durch Hemmnisse der Arbeit und des Verkehrs, nicht durch Zunft- und Niederlassungsschranken — sondern nur durch ihre freieste Entfaltung und nur durch die höchste Anstrengung der individuellen, wie der Gesammtkraft zu erringen vermögen."

So richtig die Darlegung des Wechselverhältnisses zwischen der Selbständigkeit und der Selbstverantwortlichkeit, ist, indem der Staat, wenn er dem Individuum sein *Recht*, die Selbständigkeit, nimmt, ihn dann auch seiner *Pflicht*, nämlich der Selbstverantwortlichkeit und des eigenen Einstehens für seine Existenz, überheben[1] muss, — was freilich bloss legislativ, d. h. auf dem Papier, nicht aber faktisch und in Wirklichkeit möglich ist — so wenig sind wir damit einverstanden, dass die Reform der Armenpflege zur *Vorbedingung* der Einführung der Freizügigkeit gemacht werde. Zugestanden: Beide Reformen sind nöthig, — so finden wir doch keinen Grund, mit der einen auf die andere zu warten, und jedenfalls scheint uns die Freizügigkeit die fundamentale, die primäre und die dringlichere.

Das System unserer gegenwärtigen vom Staate geleiteten öffentlichen Armenpflege, das in der Mehrzahl der europäischen Kulturstaaten mit mehr oder weniger Konsequenz und Strenge durchgeführt und in Uebung ist, datirt aus dem Ende des sechszehnten und dem Anfange des siebenzehnten Jahrhunderts. Seine Mutter ist

---

[1] *entheben.*

die Reformation, welche die bereits erschütterten mittelalterlichen Formen und Gestaltungen über den Haufen warf und für das Emporkonnnen des modernen Staatsbegriffes, und zwar in Deutschland zunächst in der [69] Form des territorialen Absolutismus, den Grund legte. Der letztere siegte vollständig durch den westfälischen Frieden[1]. Drei grosse und denkwürdige Versuche, dem deutschen Reiche eine auf den Grundsätzen der Einheit und Freiheit beruhende Organisation zu geben, waren vorher gescheitert, weil jeder Stand für sich und in Feindseligkeit gegen die andern das Wagniss unternahm, das für ihn allein zu schwer und nur in Gemeinschaft mit den andern zu überwinden war. So ging denn die Reichsreformbestrebung der Städte zu Grunde, und die der Ritter, und die der Bauern; und in diesen Kämpfen und Zuckungen, sowie in den später folgenden Religionskriegen wurde die Kraft der Nation und die des deutschen Königs (Kaisers) so geschwächt, dass der Schwerpunkt der politischen Macht schliesslich an die Territorialherrschaften überging.

Die Territorialherren, welche, trotz ihrer zum Theil winzig kleinen Gebiete, das Wort Ludwigs XIV. „der Staat bin ich" antezipirten[2] und in dem festen Glauben

---

[1] *Zwischen dem 15. Mai und dem 24. Oktober 1648 wurden nach fünfjährigen Verhandlungen in Münster und Osnabrück Verträge zwischen den Staaten Europas abgeschlossen, mit denen der Dreißigjährige Krieg und er Unabhängigkeitskrieg der Niederlande beendet wurden. Das Grundprinzip der Nachkriegsordnung war das Westfälische System von nach innen und außen souveränen Nationalstaaten.*

[2] *vorwegnahmen.*

an ihre und des Staates Omnipotenz, es liebten die Vorsehung zu spielen, machten auch die Arrnenpflege zur Staatsangelegenheit. Allerdings bestand sogar eine gewisse Nöthigung hierzu. Denn mit dem sechszehnten Jahrhundert begannen zwei Quellen, aus welchen bisher die Armenpflege, ohne Intervention des Staates bestritten worden war, zu versiegen, während mit dem siebenzehnten in Deutschland eine schreckliche Massen-Verarmung eintrat.[1]

Nach dem kanonischen Rechte soll ein Viertel der Einkünfte aus dem Vermögen der Kirche für Almosen verwendet werden. Wenn auch grade nicht buchstäblich und ihrer ganzen Ausdehnung nach, so wurde diese Regel doch im Allgemeinen befolgt; und die Mittel zu ihrer Befolgung waren vorhanden; denn die Kirche war reich. Dies änderte sich mit der Reformation und mit der Säkularisirung[2] der Kirchengüter. Die alte Kirche wurde arm und die neue[3] nicht reich. Auch legte die letztere keinen so hohen Werth auf die „guten Werke." Sie war mehr der Innerlichkeit zugewandt und in dem heftig entbrannten Kampf um den „Glauben," mussten die „Werke" etwas zurücktreten. Dadurch versiegte aber auch manche Quelle der Privatwohlthätigkeit, die bisher theils direkt, theils durch die Kirche geflossen.

---

[1] *Der Grund hierfür war der Dreißigjährige Krieg (1618-1648) und einhergehende Seuchen. Es wird geschätzt, daß die Bevölkerung in Deutschland um 25% bis 40% abnahm. Brandenburg verlor die Hälfte, Württemberg drei Viertel seiner Bewohner,.*

[2] *Verweltlichung, d. h. Verstaatlichung des Kirchenvermögens.*

[3] *die protestantische Kirche.*

Soweit aber im Mittelalter die Mittel der Kirche und der privaten Mildthätigkeit nicht ausgereicht hatten, war das korporative Element der ständischen Gliederung eingetreten. Jedermann musste damals zu Schutz und Trutz in irgend einen korporativen Verband[1] eintreten. Die Kassen dieser korporativen Verbände aber erfüllten zum Theil (freilich [70] in sehr primitiver und rudimentärer Art und fast ohne sich dessen bewusst zu werden, jedenfalls aber ohne Kenntniss der volkswirthschaftlichen Gesetze und ohne alle und jede Berechnung von Morbilität[2], Mortalität[3] und Invalidität), die Funktionen unserer jetzigen Sterbe-, Kranken-, Invaliden- und Pensionskassen; d. h. die Zunft, Innung oder der sonstige Verband liess einen einzelnen Angehörigen im Falle der Krankheit oder sonstigen Arbeitsunfähigkeit, und dessen Hinterlassene im Falle des Todes, nicht stecken. Der Grundsatz der Solidarität dehnte sich zu einer Art von gegenseitiger Versicherung gegen Tod, Unglück und Verarmung aus.

Je mehr die Blüthe der deutschen Städte wieder hinwelkte, je mehr die mittelalterliche Gliederung erschlaffte, desto mehr schwand auch die Mitwirkung des korporativen Elements zur Verhütung und Linderung der Armuth. Nun kam noch im dreissigjährigen Krieg ein

---

[1] *Zum Beispiel Zünften und Innungen.*

[2] *Gemeint ist wohl im heutigen Sinne die „Morbidität", d. h. die Häufigkeit von Erkrankungen.*

[3] *Häufigkeit von Todesfällen.*

Unglück ohne Gleichen über Deutschland, das die unerhörteste massenhafte Verarmung zur Folge hatte.

So wurde die landesherrliche Gewalt in den einzelnen deutschen Ländern im sechszehnten und siebenzehnten Jahrhundert dazu gedrängt, die Armenpflege, die bis dahin Sache der Kirche, der Korporationen und der Privaten war, und um die sich die Regierungen nicht gekümmert hatten, zu einer Staatsangelegenheit zu machen. Sobald man aber dem Dürftigen dem Staate gegenüber ein Recht auf Unterstützung und dem Staate eine Pflicht zur Verabreichung derselben zuschrieb, folgte daraus die Nothwendigkeit, dem Staat die Befugniss zu ertheilen, die Mittel zur Armenpflege von den Steuerpflichtigen zu erheben, oder auf die Gemeinden, Gutsherrschaften u. s. w. zu repartiren[1], oder endlich die Last der Armenunterhaltung den letzteren direkt aufzuladen, sie zu deren Erfüllung anzuhalten und nur subsidiär[2] mit den Mitteln des Staats einzutreten.

Es musste sich aber bald zeigen, dass sich der Staat eine Last aufgeladen hatte, welche er nicht tragen konnte. In Folge des Kriegs und der absurden wirthschaftlichen und finanziellen Massregeln der Regierungen war die Armuth eine weit verbreitete; und je mehr Arme es gab, desto schwieriger war es, von den weniger Vermögenden die Mittel zur Unterstützung der vielen Armen aufzubringen. Der Staat, die Gemeinden, die Gutsherrschaften waren nicht im Stande, die ihnen auferlegte

---

[1] *aufzuteilen.*

[2] *erst wenn die unteren Instanzen nicht dazu in der Lage sind.*

Pflicht zu erfüllen. Die Armenpflege hörte faktisch auf, wo die Unmöglichkeit der Durchführung begann. Es trat daher eine Reaktion gegen diese Verpflichtung ein, welche jedoch ihre Spitze nicht [71] gegen das herrschende falsche Prinzip der Staatsomnipotenz[1], sondern gegen die Freizügigkeit richtete. Statt den Quellen des Elends nachzuforschen und sie zu verstopfen, statt einen Theil der Last abzuwälzen, richtete man seinen Zorn gegen die Zuziehenden. Man erblickte in jedem Fremden einen zukünftigen Almosenempfänger, man schob einander die Menschen wie einen falschen Groschen oder einen sonstigen unnützen Stoff zu, und Bezirk suchte sich gegen Bezirk möglichst hermetisch abzuschliessen. Man unterdrückte die schwachen Anfänge der Freizügigkeit; man beschränkte die Befugniss zum Gewerbebetrieb und das Recht der Niederlassung; man machte das Heirathen von einer vorherigen Erlaubniss und die Erlaubniss von vielerlei Bedingungen und Nachweisungen abhängig; man forderte für den blossen Aufenthalt Einzugsgelder und Kautionen (in Frankfurt am Main muss noch jetzt jeder „deutsche Ausländer," welcher sich verübergehend dort aufhält, eine Geldkaution hinterlegen, dafür, dass er sich wohl verhalte und der Armenkasse nicht zur Last falle); man erschwerte die Möglichkeit der Erlangung des Staats- und des Gemeindebürgerrechts ganz ausserordentlich; — Alles aus Angst vor der Menge der anziehenden Armenhauskandidaten.

Die Arznei, welche man gebrauchte, war schlimmer,

---

[1] *Staatsallmacht.*

57

als die Krankheit, und vermehrte die letztere. Die Gesetze der Natur, stärker als die des Staats, rächten sich bitter für ihre Verkennung. Die Menschen, welche man hinderte zu arbeiten, oder ihre Arbeit da zu verwerthen, wo sie am gesuchtesten und theuersten war, verfielen der Unthätigkeit, dem Missmuthe, der Indolenz, der Armuth. Die Erschwerung der Ehe führte zum Konkubinat[1]. die ausserehelichen Kinder entbehrten der väterlichen Fürsorge. Die Ausschliessung erzeugte Heimathlose. Die Massregeln, welche die Armenlast verringern sollten, steigerten sie in das Masslose.

Der Polizeistaat, welcher sah, dass das Gegentheil von dem eintrat, was er bezweckt hatte, hätte Ursache gehabt, nachzudenken, ob er sich wohl auf dem richtigen Wege befinde und zweckmässige Mittel gewählt habe. Allein überzeugt von seiner Unfehlbarkeit, wie er es war, gerieth er in Zorn und Erbitterung darüber, dass die reale Welt seinen Doktrinen einen hartnäckigen Widerstand entgegensetzte. Abermals griff er zu der Waffe der Gesetzgebung und abermals vergebens.

Diesmal erliess er strenge Strafandrohungen gegen Bettler, Vaganten und Landstreicher, er erfand ein sehr komplizirtes System der [72] Pass- und Fremdenpolizei[2], er setzte alle Organe der Verwaltung, der Polizei und der Justiz in Bewegung, um diesen Einrichtungen den

---

[1] *Zusammenleben ohne Ehe.*

[2] *Zum Reisen in Deutschland sind jeweils Pässe und Visa erforderlich. Erst mit dem Paßgesetz von 1867 wird dieser Zustand abgeschafft.*

striktesten Vollzug zu geben. Er wüthete mit dem Schwert der Strafjustiz und mit dem Polizeistock zugleich.

Man erfand das Verbrechen der „Landstreicherei," welches gegenwärtig noch in allen Strafgesetzbüchern und in den Lehrbüchern des Kriminalrechts paradirt. Es besteht nach der Definition unserer Strafgesetzgebung darin, dass Jemand „ohne Zweck und Erwerbszweig und ohne dass er sich über zureichende Mittel zu seinem Unterhalte ausweisen kann, ausserhalb seines Wohnorts umherzieht oder überhaupt einen Wohnort nicht hat." Ein solcher Missethäter wird nach den meisten deutschen Strafgesetzbüchern mit schwerer Gefängnissstrafe, welche bei Rückfällen bis zu fünf Jahren steigen kann, belegt; er wird nach verbüsster Strafe unter Polizeiaufsicht gestellt, auf seinen Heimathsort konfinirt[1], erhält keinen Pass mehr[2] u. s. w. Man vergleiche z. B. die Strafgesetzbücher vom Grossherzogthum Hessen Art. 244 und 245; Nassau Art. 237; Baden Art. 639; Würtemberg Art. 197 und 199; Preussen Art. 117.

Wollte man die Vorschriften dieser Gesetze vollziehen, so müsste man in den grossen Städten, an Badeorten und sonstigen derartigren Knotenpunkten des gesellschaftlichen Verkehrs, wo sich bekanntlich die

---

[1] *den Aufenthalt auf einen bestimmten Ort beschränken.*

[2] *Erst mit dem Paßgesetz von 1867 erhält jeder deutsche Bürger ein Recht, sich einen Paß ausstellen zu lassen. Für die Reise innerhalb Deutschlands wird dieser zwar nicht mehr gebraucht, aber von anderen Staaten je nachdem noch verlangt.*

„problematischen und verfehlten Existenzen" anzu-
sammeln pflegen, alljährlich Tausende in Anklage stellen wegen des Verbrechens der Vagabondage. Da man
das aber nicht kann oder nicht will, so sind jene Gesetze ein wenig eingeschlafen, oder es hat sich eine Art
polizeilichen Gewohnheitsrechts gebildet, wonach sie
nur gegen schlecht gekleidete Menschen aus den niede-
ren und ärmeren Bevölkerungsklassen in Anwendung
gebracht werden. Es wird gewiss keinem Gesetzgeber
einfallen, einem Straf-Artikel den Zusatz zu geben:
„Diese Vorschrift gilt jedoch nur gegen solche Personen, welche ein Kamisol[1] und eine Mütze tragen, nicht
aber gegen solche, welche mit einem Hut und einem
Rock versehen sind." Wenn aber gleichwohl sich ein
Gesetz in der Handhabung so ausnimmt, als wenn derartige Worte darin ständen, so ist dies wohl ein Grund,
die Rechtmässigkeit und Zweckmässigkeit desselben
etwas in Zweifel zu ziehen.

Gewiss jeder Mensch wird sich lieber zu irgend einer
behaglichen Existenz und Thätigkeit irgendwo *nieder-
lassen*, als in Unruhe und Planlosigkeit *umherzustrei-
chen*. Wenn ihm aber die Beschränkungen der Verfügung über Grund und Boden, des Handels, des Gewer-
bebetriebs, [73] des Niederlassungsrechts, es unmöglich
machen, sich zu setzen, und er das Stehen nicht vertra-
gen kann, so muss er eben umherziehen oder umher-
streichen. Es liegt dann ein Fall vor, auf welchen man
anwenden kann, was die Alten von „dem Neid der Göt-
ter" sagten, „Zuerst machen sie den Menschen schul-

---

[1] *ein mit Ärmeln versehenes oder auch ärmelloses Oberteil.*

dig, und dann strafen sie ihn."

Wenn man aber den Vaganten nach erlittener Strafe in seine Heimathsgemeinde konfinirt, wo er menschlicher Berechnung nach wahrscheinlich keine Arbeit findet, wenn man ihm einen Pass verweigert und ihn dadurch in die Alternative setzt, entweder zu Hause ohne Beschäftigung zu darben, oder ohne Pass auf gut Glück in die Welt zu gehn, auch auf die Gefahr hin, abermals wegen „Landstreicherei" bestraft zu werden, wer will sich beschweren oder wundern, wenn er das letztere vorzieht und dadurch „rückfällig" wird, um demnächst, aus der Strafanstalt entlassen, ganz der Armenkasse zur Last zu fallen?

Dieselbe Härte, wie diese Gesetze gegen die Landstreicher, denselben mit der Absicht des Gesetzgebers in direktem Widerspruch stehenden Erfolg, hat eine Reihe anderer von demselben Geist, von derselben Furcht vor Armenhauskandidaten diktirter Verordnungen. Ich nenne darunter eine Reihe Passregulative oder Polizeiverwaltungsnormen, welche eine besondere Strenge gegen Solche, welche übel gekleidet sind, oder den unteren Klassen angehören, einschärfen und einen scheinbar Verdächtigen behandeln, wie einen überführten Verbrecher. Diese Dinge sind bei Gelegenheit des Antrages des Abgeordneten von *Rönne*[1] auf Reform des

---

[1] *Friedrich von Rönne (1798-1865) stammte aus Holstein und nahm mit nicht einmal 16 Jahren in der Königlich Deutschen Legion an der Schlacht von Waterloo teil (das "königlich" bezieht sich dabei auf den König von Großbritannien). Später studierte er Jura und zog nach Preußen. 1834 wurde er preußischer*

Passwesens und der in Folge davon gemachten Gesetzesvorlage in den Jahren 1862 und 1863 in dem preussischen Abgeordnetenhause ausführlich behandelt worden. Wir verweisen unsere Leser auf die sehr interessanten Aufzeichnungen der stenographischen Protokolle. Aehnlich, wie in Preussen, steht es mit den betreffenden Einrichtungen in den übrigren deutschen Staaten, an vielen Orten noch schlimmer.

Weitere Ausgeburten der Angst vor Ueberschwemmung mit Zuzüglern, vor Störung der öffentlichen Ordnung und Belastung der Armenkasse durch dieselben, sind die Institute der „Stellung unter Polizei-Aufsicht" und des Verbotes des Zuzuges gegen solche, welche, schon Bestrafungen erlitten haben, oder welche schon einmal Almosen empfingen u. s. w.

Diese Einrichtungen sind ohne Zweifel in der Absicht, die Interessen der bürgerlichen Gesellschaft zu wahren, ersonnen und zu diesem Zwecke in Vollzug gesetzt. Allein sie erschweren ganz ausserordentlich [74] für Denjenigen, welcher einmal vom rechten Weg abgewichen, die Rückkehr zu demselben, die ihm nirgends saurer wird, als da, wo man ihn kennt und meidet,

---

Botschafter in den Vereinigten Staaten und danach Leiter des von ihm angeregten Preußischen Handelsamtes. Er gehörte 1848 der Nationalversammlung an (Fraktion Casino) und brachte seine Erfahrungen in den USA als Vorsitzender des volkswirtschaftlichen Ausschusses ein. Ab 1858 gehörte er dem Preußischen Abgeordnetenhaus an, zunächst für die Fraktion Vincke, ab 1862 für die Deutsche Fortschrittspartei. Im Jahr 1861 brachte er einen Gesetzentwurf zur Abschaffung der Paßpflicht ein.

während der Aufenthalt in einer neuen Umgebung und unter Menschen, welche seine Vergangenheit nicht kennen, oder sie ignoriren, oft einem reinigenden Bade gleicht, das ihn der bürgerlichen Gesellschaft und einer geordneten Thätigkeit neugeboren zurückgiebt.

IV.

Wir haben, so weit es der einer kurzen Skizze zuge-
messene Raum gestattet, in Obigem, an der Hand der
Geschichte, der Entwickelung des Armenwesens und
der Freizügigkeit (richtiger gesagt: des Gegentheils der
letzteren) in Deutschland zu folgen gesucht. Wir haben
gesehen, dass erfahrungsmässig die Beschränkungen
der Freizügigkeit für das Gemeinwesen und die Einzelnen gemeinschädlich gewirkt, dass sie namentlich die
Last der öffentlichen Armenpflege bedeutend gesteigert
haben und dass alle weiteren Beschränkungen, welche
man im Interesse der Erleichterung der Armenverbände
und der Armenkassen glaubte machen zu müssen, die,
letzterer nur noch mehr überbürdet haben, dass also
das beste, sicherste, und rascheste Mittel, das Armenwesen zu vereinfachen, darin besteht, dass man die Ursachen entfernt, welche die Verarmung en masse[1] hervorrufen, dass unter diesen Ursachen die Beschränkung
des Rechtes der Heirath, des Aufenthalts, des Ge-
schäftsbetriebs, des Grunderwerbs, eine der wesentlich-
sten ist, dass man daher vor Allem diese zu beseitigen
hat, und dass man ihre Beseitigung nicht abhängig machen soll von einer gleichzeitigen oder vorherigen Reform der Armengesetzgebung. Damit wollen wir indess
nicht gesagt haben, dass die letztere nicht nöthig sei,
man soll nur nicht mit den anderen Reformen auf sie

---

[1] *in Massen.*

warten. Ohne Zweifel wäre es gut, wenn man, nach möglichster Beseitigung der Massen-Armuth, die Heilung der einzelnen sozialen und wirthschaftlichen Krankheitsfälle mehr der Privatwohlthätigkeit überliesse, und so weit daneben noch eine Armenpflege aus öffentlichen Mitteln erforderlich ist, die Armenverbände, auf welchen die Last ruhet, möglichst gross machte, so dass die Last sich auf ein grosses Terrain und eine zahlreiche Bevölkerung möglichst gleichmässig und gerecht vertheilte, während jetzt einzelne kleinere Bezirke, ohne dass sie ein Verschulden trifft, besonders hart heimgesucht werden können.

Der Irrthum, welchem der Grundsatz von der obligatorischen Armen-[75]-pflege des Staats entspringt, hat. seine Quelle, in dem irrigen Glauben an die Omnipotenz der Staatsgewalt. Der Staat kann und muss die Rechtsordnung aufrecht erhalten ihrem ganzen Umfange nach; im Uebrigen kann er, was die Thätigkeit, der bürgerlichen Gesellschaft[1] und der Einzelnen anlangt, im Wesentlichen nur eine negative Wirksamkeit durch Beseitigung der Hindernisse entfalten, und nur hin und wieder positiv fördernd einwirken. Er kann aber nicht die irdische Vorsehung spielen, er kann nicht alle Menschen gut, gesund und wohlhabend machen.

---

[1] *Der Begriff der „bürgerlichen Gesellschaft" ist hier weit zu verstehen: als die Gesellschaft aller Bürger (höchstens in Abgrenzung gegen den Adel), nicht in einem verengten marxistischen Sinne als „Bourgeoisie". Etwas seltsam ist es, daß der Begriff in der Rückübersetzung des englischen „civil society" heute durch „Zivilgesellschaft" ersetzt wird, wobei die Zivilgesellschaft eigentlich im Deutschen den Gegensatz zum Militär bilden würde.*

Der Staat sorgt bis zu einem gewissen Grade z. B. auch für die Gesundheit seiner Angehörigen. Er stellt Gesundheitsbeamte an, welche gemeinschädliche, sanitätswidrige Zustände und Einrichtungen zu verhüten und wenn sie eingetreten sind, zu entfernen haben. Aber er kann ganz gewiss nicht von Obrigkeits wegen und aus öffentlichen Mitteln jeden einzelnen Kranken kuriren lassen. Dies kann er schon deshalb nicht, weil die meisten Krankheiten die Folgen von verkehrter Lebensweise, unzureichender oder unzweckmässiger Nahrung, Wohnung oder Kleidung, von unrichtiger körperlicher *und* geistiger Oekonomie, von zu grosser Anstrengung oder zu grosser Trägheit, von Ausschweifungen u. s. w. sind, und weil der Staat unmöglich allen seinen Bürgern gesundheitsgemässe Nahrung, Kleidung und Wohnung und eine richtige Diät mit weiser und massvoller Abwechselung zwischen Arbeit und Erholung zuwenden oder gar aufzwingen kann.

So wenig, wie der Staat, im Stande ist, alle Bürger von Obrigkeits wegen *körperlich* gesund zu machen, eben so wenig kann er sie alle *wirthschaftlich* gesund machen, am wenigsten kann er es durch Almosen. Das Kapital, welches zum Almosenspenden verwendet wird, nützt in der Regel den Empfängern weniger, als seine Entziehung denjenigen, welchen es entzogen wird, und der Produktion, welcher es bisher diente, schadet. Jede Ueberschreitung des Masses im Almosengeben ist wirthschaftlich gemeinschädlich. Denn sie erzeugt unwirthschaftlichen Sinn, Bettelwirthschaft und neue Armuth. Sie vermehrt das Uebel, das sie heilen will und doch besten Falles nur lindern kann.

Freilich sagt man: die staatliche Armenpflege enthalte zunächst ihrem Wesen nach nichts Anderes, als eine Vorkehr dagegen, dass innerhalb des Staatsgebietes Niemand aus Mangel an Mitteln zu seinem Lebensunterhalt sein Leben verliere, und es stehe diese staatliche Einschreitung in gleicher Linie mit der Vorsorge gegen Gefährdungen des Lebens der Menschen durch Unfälle der verschie-[76]-densten Art u. s. w. (siehe *Bitzer*, a. a. O. Seite 42.); man sagt: „Der Staat kann und darf Niemanden verhungern lassen, er hat das Recht und die Pflicht, auch die Möglichkeit dies zu hindern." Aber man wird doch nicht bestreiten wollen, dass wenn Jemand den Willen hat, zu verhungern, der Staat dies nicht hindern kann. Eine andere Sache ist es, wenn sich Jemand um Hülfe an den Staat wendet; dann hat derselbe die Möglichkeit zu verhindern, dass er an einer *akuten* Dürftigkeitskrisis stirbt; aber gegen die *chronische* Dürftigkeit ist der Staat machtlos. Wie mancher verfrühte Todesfall ist nicht die Folge schlechter Wohnung, mangelhafter Kleidung, unzureichender Ernährung; wie Viele suchen überhaupt keine Hülfe beim Staat und wie Viele suchen sie zu spät! Wie Viele suchen sie vergeblich, da die offiziellen Staatsbettler, welche man sich grossgezogen hat und deren Rechtstitel lediglich darin besteht, dass sie entweder nicht arbeiten oder nicht sparen wollen, Alles für sich vorweg nehmen!

Rechtlich verpflichtet zur Obsorge für die wirthschaftliche Versorgung ist der Staat eigentlich nur gegenüber Denjenigen, welche in Ermangelung der Rechtspersönlichkeit, und geborner Vertreter (Eltern) auf seine Hülfe verwiesen sind, wie z. B. Findelkinder, Waisen, Geisteskranke, Entmündigte u. s. w.

Man hat in neuerer Zeit nachgewiesen, dass die französische Revolution von 1789 weniger aus rein politischen Gründen (d. h. aus Rechts-, Verfassungs- und Machtfragen) als aus wirthschaftlichen Gründen entstanden sei, d. h. aus volkswirthschaftlichen Begehungs- und Unterlassungssünden des Staats und aus der daraus erwachsenen allgemeinen Erbitterung, namentlich der mittleren und unteren Volksschichten. Nichts aber ist geeigneter, Demoralisation, Verwilderung und Erbitterung hervorzurufen, als Beschränkungen der Freiheit der Arbeit und der Niederlassung in Verbindung mit einer irrationellen Armenpolitik: „c'est le ventre qui fait les revolutions."[1]

Die Unglücklichen, welche durch eine verkehrte Gesetzgebung von der menschlichen und bürgerlichen Gesellschaft ausgeschlossen und gewisser Rechte und Befugnisse beraubt sind, in deren Besitz sie die Andern sehen, und mit deren Besitz sie selbst einen gewissen Grad wirthschaftlicher Wohlfahrt erlangen oder wieder erobern könnten, während sie gegenwärtig in Dürftigkeit und Mangel leben, gewöhnen sich daran, den Staat, die Gemeinde, die bürgerliche Gesellschaft als ihren geschworenen Feind zu betrachten. Sie vindiziren[2] sich einen [77] Rechtsanspruch auf Armenunterstützung gegen die Obrigkeit, weil diese sie ihrer Behauptung zu-

---

[1] *Der Bauch macht die Revolutionen.*

[2] *als Eigentümer die Herausgabe vom Besitzer verlangen.*

folge erwerbslos gemacht hat; und wenn dieser Rechtsanspruch nicht auf das Bereitwilligste honorirt wird, betrachten sie den Staat oder den Armenverband wie einen böswilligen säumigen Schuldner, gegen welchen man sich das Schlimmste erlauben darf.

Der Landstreicher, welchem der Richter Vorwürfe macht, erwidert mit einigem Rechte: „Was wollen Sie? man beschränkt mich auf das kleine Dorf, wo ich geboren bin und mich Niemand zur Arbeit nimmt; man weist mich da aus, wo ich Arbeit finden kann; was bleibt mir anders übrig, als die Landstrasse, oder das Gefängniss (Arbeitshaus), wo Ihr mich zwangsweise ernähren müsst, weil Ihr nicht dulden wollt, dass ich mich freiwillig selbst ernähre?"

Die Dirne, welche, eine Reihe von unehelichen Kindern geboren,, die der Gemeinde zur Last fallen, erwidert dem sie koramirenden[1] Dorfschulzen[2]: „hättet Ihr mich vor acht Jahren meinen damaligen Bräutigam, einen fleissigen und erwerbsfähigen Menschen, dessen Thätigkeit den Mangel an Vermögen ersetzt hätte, und den Ihr nur deshalb zurückwieset, weil er aus einem andern Dorf war und einen andern Glauben hatte, heirathen lassen, so wäre ich jetzt eine ehrliche Frau und hätte einen Vater zu meinen Kindern; so aber, da Ihr mich unglücklich gemacht habt, will ich Euch und der Gemeinde zur Strafe" — — Wir wollen den Satz in seiner ursprünglichen drastischen Redaktion nicht zu

---

[1] *ausscheltenden, zur Rede stellenden.*

[2] *Dorfvorsteher im Sinne eines Bürgermeisters, ursprünglich mit richterlichen Kompetenzen.*

Ende schreiben, sondern nur bemerken, dass er die Androhung einer fortgesetzten und vermehrten Fruchtbarkeit ihres Leibes, als Strafe für die illiberale Niederlassungspolitik der Gemeinde, enthielt.

Diese Geschichten sind nicht fingirt. Jeder polizeiliche und richterliche Beamte wird bestätigen, dass solche und ähnliche Aeusserungen in der Praxis vielfach vorkommen.[1] Wir überlassen es unseren Lesern, an diese Thatsachen ihre weiteren Betrachtungen anzuknüpfen.

---

[1] Man vergleiche den Aufsatz von *Karl Grosse* "Armenpflege und Freizügigkeit" in den Berliner "*Deutschen Jahrbüchern*".. 1863, Band VIII. Heft 2. (August) Seite 217. *[Der Artikel ist im Anhang zu diesem Buch wiedergegeben. Der Herausgeber.]*

V.

Werfen wir noch einen Blick auf die Freizügigkeit und die Armenpflege in England, welche letztere neuerdings in Deutschland mannig-[78]-fache Erörterung gefunden hat, nicht nur in dem angeführten Buche von *Bitzer*, sondern auch in einer von den Freiherrn *K. v. Richthofen* publizirten trefflichen Monographie des 1858 gestorbenen Dr. K. Gustav *Kries*. (siehe Vierteljahrsschrift für Volkswirthschaft und Kulturgesch. 1863. Bd. 2. S. 246. u. ff.)

In England nahm die Armenpflege seit dem fünfzehnten Jahrhundert einen ähnlichen Verlauf, wie in Deutschland, für die wissenschaftliche Bearbeitung hat die dortige Entwickelung noch den Vorzug, dass sie sowohl nach der guten, als nach der schlechten Seite hin eine kontinuirliche und einheitliche war, und dass aus allen Zeiträumen vollständige Nachrichten nicht nur über die Erlassung, sondern auch über den Vollzug der Gesetze und über deren Wirkungen vorliegen, so dass sich der ganze Vorgang genau verfolgen lässt.

Auch dort hat der Staat die Armenpflege für eine Zwangspflicht erklärt und sie den Gemeinden (Kirchspielen[1]) aufgeladen. Die Gründe dazu waren im We-

---

[1] *In England ist die Armenpflege den Pfarrbezirken („Kirchspielen") zugeordnet.*

sentlichen die nämlichen, wie in Deutschland. Wie bei uns der dreissigjährige Krieg, so hatte in England der Kampf zwischen den beiden Rosen[1] das Mark des Landes aufgesogen und eine schrekliche *[sic]* Massenverarmung erzeugt. Der alte Adel war vernichtet oder durch Konfiskationen seiner Mittel beraubt. Der Lehnsnexus[2] löste sich auf. Darauf folgte dann die Reformation und die Einziehung der Kirchengüter. Also auf der einen Seite: Vermehrung der Armuth, auf der andern Seite: Verschwinden der Mittel, aus welchen bisher die Armenpflege ohne Zuthun des Staats und der Gemeinden, bestritten worden war.

So entstand nach und nach schon unter Heinrich VII.[3] und Heinrich VIII.[4] die obligatorische Armenpflege durch die Kirchspiele unter Leitung des Staats. Diese allmälig eingeschlichene faktische Uebung wurde 1601 unter Königin Elisabeth[5] zum Gesetz erhoben. Das Gesetz 43. Eliz. 2. ist die Kodifikation des englischen Armenrechts und bildet heute noch, nach drittehalb

---

[1] *Die Rosenkriege von 1455 bis 1485 wurden zwischen dem Hause York (weiße Rose) und dem Hause Lancaster (rote Rose) ausgetragen.*

[2] *Verbindung zwischen dem Lehnsherr und seinen Vasallen.*

[3] *Heinrich VII. (1457-1509), König von England und Herr von Irland, Begründer der Tudor-Dynastie.*

[4] *Heinrich VIII. (1491-1547), zweiter Sohn von Heinrich VII., König von England und König von Irland.*

[5] *Elisabeth I. (1533-1603), Königin von England und Irland.*

Jahrhunderten, die Grundlage desselben. Seine Fundamentalsatze sind:

1. Der Staat hat die Verpflichtung zur Armenpflege aus öffentlichen Mitteln;
2. arbeitsunfähige Arme erhalten Unterstützung;
3. arbeitsfähige Arme werden nur durch Beschäftigung unterstüzt [sic], nöthigenfalls auf dem Wege des Zwanges;
4. die Unterstützungen hat dasjenige Kirchspiel zu leisten, in wel-[79]-chem der Arme geboren ist oder in welchem er in den letzten drei Jahren gewohnt hat, (bei Heimathlosen oder Vagabunden ein Jahr);
5. die Kirchenvorsteher leiten die Armenpflege und bringen die Mittel für dieselbe auf durch Besteuerung der Kirchspielsangehörigen.

(Siehe *Gneist*[1] engl. Kommunalverfassung[2] Seite 638. u. ff.)

---

[1] *Rudolf von Gneist (1816-1895) studierte in Berlin Rechtswissenschaften, wo er dann Privatdozent, außenordentlicher und 1858 ordentlicher Professor wurde. Er gehörte dem Preußischen Abgeordnetenhaus und der Berliner Stadtverordnetenversammlung an. Im Reichstag vertrat er die Nationalliberale Partei. Er war außerdem wiederholt Präsident des Deutschen Juristentags.*

[2] *Damit ist vermutlich das Buch gemeint: Die Geschichte des Selfgovernment in England, oder die innere Entwicklung der Parlamentsverfassung bis zum Ende des achtzehnten Jahrhunderts. Berlin, 1863*

Anfänglich hatte dieses Gesetz keine wesentlichen Beschränkungen der Freizügigkeit zur Folge. Erst während der Restauration unter Karl II.[1], wo die Gentry[2] sich in den Besitz der Gewalt gesetzt hatte und die Gesetzgebung und Verwaltung von den einseitigen Interessen der Grundherren geleitet und missbraucht wurden, schritt man zur Beschränkung der Freizügigkeit, um die Armensteuern der Squires[3] zu vermindern. Das Statut von 1662 (act of settlement), 13. u. 14. Car. II. c. 12. §. 1. sagt: „Sintemal[4] in Folge einiger Fehler in dem bestehenden Gesetze gegenwärtig arme Leute nicht gehindert sind, aus einem Kirchspiele in das andere zu gehen und zu versuchen, sich in solchen Kirchspielen festzusetzen, wo sie den besten Viehstand finden, oder die grössten Gemeindeweide-Ländereien, oder Gemeindeeigenthum, um Arbeiterwohnungen darauf zu bauen, oder das meiste Holz zum Verbrennen oder Zerstören, und wenn sie Das konsumirt haben, dann nach einem anderen Kirchspiele zu ziehen und so fort, bis sie zuletzt Bettler und Landstreicher werden, — und sintemal diess zur grossen Entmuthigung der Kirchspiele gereicht und sie abhält, Vorräthe anzuschaffen, da diese ja Gefahr laufen, von Fremdlingen verschlungen zu werden; — so wird hierdurch verordnet, wie folgt: Jede Person, bei welcher es wahrscheinlich ist,

---

[1] *Karl II. (1630-1685), König von England, Schottland und Irland.*

[2] *niederer Adel.*

[3] *Schildknappen, Auszubildende für den Ritterberuf.*

[4] *da, weil.*

dass sie einmal der Armenpflege des Kirchspiels zur Last fällt, soll innerhalb vierzig Tagen, nachdem sie gekommen ist, sich festzusetzen in irgend einer Besitzung, welche weniger Werth ist, als 10 £, gesetzlich durch zwei Friedensrichter derjenigen Division, wo sie sich einfinden sollte, mittelst Befehl zurückgesandt und transportirt werden nach demjenigen Kirchspiel, in welchem Sie zuletzt eine gesetzliche Niederlassung gehabt hat, sei es durch Geburt oder eigene Wirthschaft, Aufenthalt, Lehrlingschaft oder Dienst für den Zeitraum von wenigstens 40 Tagen."

Es ist im Wesentlichen die nämliche Vorschrift, welche das preussische Gesetz vom 31. Dezember 1842 enthält, welches die freie Wahl des Aufenthalts Denjenigen untersagt, welche weder hinreichendes Vermögen, noch Kräfte besitzen, sich und ihren nicht arbeitsfähigen [80] Angehörigen den nothdürftigen Lebensunterhalt zu verschaffen u. s. w., womit die andere Vorschrift „dass die Besorgniss künftiger Verarmung zur Abweisung nicht genüge", wieder ziemlich illusorisch gemacht wird. (Beiläufig bemerkt, ist indess das preussische Gesetz, trotz aller seiner Mängel, noch fast das liberalste in Deutschland, Wenigstens gegen preussische Staatsangehörige; gegen Nichtpreussen ist das Gesetz noch exklusiv, allein die Praxis jetzt doch auch schon ziemlich liberal).

Die englische Gesetzgebung hat wenigstens noch den Vorzug, dass die Rückschiebungsbefugniss auf eine kurze Frist von vierzig Tagen beschränkt ist, deren Ablauf genügt, um für den Anziehenden das Aufenthaltsrecht zu ersetzen[1], und dass ein Heimathsschein der Gemeinde, woher er kam, gegen die Ausweisung schützte. Indess war der Gebrauch, den man von der Ausweisungsbefugniss machte, ein keineswegs sparsamer. Er richtete sich nicht nur gegen Diejenigen, „welche dem Kirchspiel muthmasslich zur Last fallen könnten," sondern auch gegen alle bescholtenen oder übel beleumundeten Personen (rogues, vagabonds, idle or disorderly persons).

Die Wirkungen dieser Beschränkungen der Freizügigkeit waren dieselben, wie in Deutschland. Sie zeigten sich namentlich, (wie Gneist a. a. O. Seite 673 erwähnt) „in den „close agricultural parishes," in den Kirchspielen, in welchen alles Grundeigenthum in den Händen eines oder weniger Grundeigenthümer liegt, welche keine neue Niederlassungen dulden, zuweilen die Arbeiterwohnungen massenweise niederreissen und die Arbeiter, die sie selbst bedürfen und deren sie sich selbst bedienen, den benachbarten Kirchspielen zuschicken." Dafür ist denn der Zuzug nach den grösseren Gemeinden und den Städten um so grösser geworden, deren schnelles Wachsthum sich zum Theil aus den Schwierigkeiten erklärt, welche die Niederlassung der Arbeiter auf dem flachen Lande findet. Auch in Deutschland waren die grösseren Städte stets liberaler in der Aufnahme, als die kleineren. Denn jedes Schildburg[2] oder

---

[1] *Wohl im Sinne von „ersitzen", d. h. durch Ablauf der Frist erwerben.*

[2] *Heimat der Schildbürger (heute eher als „Schilda" bekannt).*

Studien über Freizügigkeit

Krähwinkel[1] pflegt sich für ein Paradies, für ein Eldorado[2], für ein Unikum zu halten, und ist deshalb doppelt eifersüchtig darauf, dass nicht ein „Hergelaufener", ein „Fremdling" in seine geheiligten Mauern eindringe, um den klassischen Boden zu entweihen.

In England haben die Beschränkungen des Niederlassungsrechtes die Armenlast, statt sie zu mindern, erheblich gesteigert. Seit dem Gesetze von 1662 war sie in progressivem Wachsthum. Nach Gneist [81] (Seite 656) betrugen die Armenkosten im Jahre 1750 — 4 Millionen Thaler, 1776 — 9 Millionen, 1785 — 12 Millionen, 1801 — 24 Millionen, 1818 — 47 Millionen. Dieses Steigen hatte jedoch auch noch andere Gründe. Der Humanismus, welcher das vorige Jahrhundert beherrschte, in seiner falschen Anwendung, neigte ohnedies zur Ausdehnung der Armenpflege und war gegen die Anwendung der Zwangsarbeit. So unterstützte man denn in ausgedehntester Weise und hauptsächlich in Geld, auch die *arbeitsfähigen* Dürftigen. In den kleinen Kirchspielen war ohnehin das Auffinden einer angemessenen Beschäftigung für die Armen, wenn man nicht der freien Arbeit Derjenigen, welche auf Unterstützung keine Ansprüche machten, eine schlimme Konkurrenz bereiten wollte, schwierig; und endlich war das Verabreichen von Geld das Bequemste für die Armenpflegebeamten, welche nicht bezahlt wurden und alle Jahre wechselten und daher weder grosse Ursache

---

[1] *Sinnbild für kleinstädtische Spießigkeit.*

[2] *Das Goldland, das im Norden Südamerikas gesucht wurde, wörtlich: Das Goldene.*

noch hinreichende Gelegenheit hatten, ihrer Verwaltung eine besondere Sorgfalt zu widmen.

Diese Missstände weckten die Kritik. Schon Adam Smith griff die verkehrten Niederlassungsgesetze an; und ein Mitglied des Unterhauses bemerkte vor einiger Zeit, dass nach Karl II. sich kein einziger namhafter Parlamentsredner oder Schriftsteller finden lasse, welcher deren Prinzip vertheidigt hätte. Seit Beginn des vorigen Jahrhunderts traten einzelne Milderungen der Settlements-Akte von 1662 ein. Die wichtigste Reform aber ist die durch das St. 9 und 10 Victor. c. 66, herbeigeführte, wonach fortan Niemand mehr ausgewiesen werden kann aus einem Kirchspiel, in welchem er bereits fünf Jahre gewohnt hat; und die Praxis ist überall liberaler als die noch nicht ganz von den traditionellen Mängeln befreite Gesetzgebung.

Das Armenwesen wurde reformirt durch das Gesetz von 1834, 4 und 5 Will. IV. c. 76; es kehrte zurück zu der alten Regel der Unterstützung *nur* durch Arbeit und nöthigen Falls durch *Zwangsarbeit* für alle arbeitsfähigen Armen. Daneben ordnete es eine Reihe von Reformen in dem Organismus der Verwaltungen an.

Die Grundlage des Gesetzes ist die Einrichtung der Arbeitshäuser. Sie sind vielfach angefeindet werden und doch vollkommen gerechtfertigt: 1. vorausgesetzt, dass man überhaupt die obligatorische Armenpflege durch den Staat anerkennt, und vorausgesetzt 2. dass im Uebrigen alle Beschränkungen der wirthschaftlichen Entwickelung, welche die Steigerung der Produktion, die Zirkulation und die richtige Verwendung der Arbeitskräfte hindern, beseitigt. sind. [82]

Man sagt: „Wer giebt dem Staate das Recht, den Armen seiner Freiheit zu berauben und das Unglück mit einer Strafe zu belegen? Kann es eine grössere Grausamkeit, eine grössere Härte geben?"

Darauf ist zu erwidern: Wenn das Kapital, das Grundeigenthum, der Handel, die Arbeit, die Niederlassung frei sind, wenn völlige Vereinsfreiheit und damit die Möglichkeit gegeben ist, sich durch Betheiligung an Vorschuss- und Kreditvereinen kredit- und erwerbsfähig zu machen und durch Einschüsse in Kranken-, Invaliden-, Pensions- und Sterbekassen gegen Morbilität, lnvalidität und Mortalität zu versichern, wenn die Hindernisse beseitigt sind, welche unser Zollsystem der Produktion in den Weg legt, wenn Jedermann die Bahn geöffnet ist zur freien Wettbewerbung um die wirthschaftlichen Güter, so trägt Jeder, welcher trotz voller Rechtspersönlichkeit und trotz geistiger und körperlicher Arbeitsfähigkeit der öffentlichen Unterstützung einheimfällt, selbst die Schuld davon. Bringt ihn der Staat durch Verabreichung von Unterstützungen ohne Bedingung und ohne Gegenleistung in eine günstigere Lage, als den Arbeitsfähigen, der sich durch eigene Kraft durchschlägt, so belohnt er den Schuldigen und bestraft den Unschuldigen. Er setzt eine Prämie auf den Bettel und zieht sich ein künstliches Proletariat gross.

Wer trotz vorhandener Arbeitsfähigkeit auf seine wirthschaftliche Selbstständigkeit verzichtet, da, wo es sich um Erlangung von *Berechtigungen* oder Vergünsti-

gungen handelt, der muss das Prinzip der wirthschaftlichen Unselbstständigkeit seiner Person auch *gegen* sich gelten lassen, da, wo es sich um *Verpflichtungen*
und Lasten handelt. Zwingt er dem Gemeinwesen seine
Person auf, so muss er sich auch gefallen lassen, dass
das Gemeinwesen über seine Person disponirt und ihm
die Arbeit aufzwingt. Etwas Anderes ist es natürlich bei
Arbeitsunfähigen, bei den Opfern einer durch den Staat
selbst, oder eine höhere Gewalt herbeigeführten Krisis,
bei Findlingen, Geisteskranken oder sonstigen Personen, welchen die volle Rechtssubjektivität fehlt. Im
Uebrigen aber ist das Arbeitshaus ein Prüfstein der uns
an jenes Rezept erinnert, welches nach der Tradition
des bekannten deutschen Volksbuches von „Eulenspiegel", (einer treffenden Satyre auf die Gebrechen der
damaligen Zeit), dieser Held des deutschen Mutterwit-
zes im Auftrag einer freien Reichsstadt gegen die
Ueberfüllung eines reichdotirten[1] Hospitals und
Pfründhauses[2] anwandte. Man konnte sich in diesem
Hause des Andranges von Pfründnern[3] nicht erwehren,
welche allerlei Gebrechen, Krankheiten u. s. w. vor-
schütz-[83]-ten, ohne dass man überzeugt war, dass letztere auch wirklich vorhanden seien. Eulenspiegel, der
damals als Arzt reiste und über den Fall konsultirt wur-

---

[1] *mit großen Mitteln ausgestattet.*

[2] *Auch: Pfrundhaus, war eine städtische oder kommunale Stiftung für Bürger, die in Not gerieten. Hierzu mußten diese aber
vorher einen Beitrag, die „Pfründe", geleistet haben.*

[3] *Solche, die eine Pfründe bezahlt haben, und deshalb in das
Pfrund- oder Pfründhaus hineindürfen.*

de, fand ein Mittel. Er versammelte alle Pfründner um sich und liess sich von einem Jeden seine Krankheit schildern, dann verkündigte er den Versammelten, er habe ein unfehlbares Mittel, sie alle wieder gesund zu machen, das darin bestehe, dass der Kränkste von ihnen verbrannt, pulverisirt und das Pulver für die übrigen als Arznei angewandt werde; er bitte den Kränksten, im Spital zu bleiben und alle Andern, dasselbe zu verlassen. Da verliessen Alle das Haus und Keiner kehrte zurück.

Der Prüfstein des Arbeitshauses gleicht dem letztgenannten Mittel und unterscheidet sich von demselben dadurch, dass er gerecht und ernsthaft, wirthschaftlich und dauernd wirksam ist.

VI.

Fassen wir das Ergebnisse unserer Betrachtungen zusammen, so kommen wir zu folgenden Vorschlägen:

1. Man soll jedem Menschen, mag er einer Gemeinde, einem Lande und einer Nation angehören, welcher er wolle, gestatten, an jedem Orte, wo er will, seinen Aufenthalt zu nehmen und dort jeden Erwerbszweig zu betreiben, sofern er die allgemeinen bürgerlichen Gesetze respektirt.

2. Man soll das Recht zum Aufenthalt weder von Einzugsgeldern noch von sonstigen onerösen[1] Bedingungen abhängig machen.

3. Es ist kein Grund vorhanden, dieses Recht auf „Inländer" zu beschränken. Jedenfalls aber ist es eine Pflicht der nationalen Ehre, es wenigstens innerhalb des deutschen Bundesgebietes auf alle Angehörigen der deutschen Bundesstaaten auszudehnen.

4. Es liegt kein Grund vor, die Bedingung der Reziprozität aufzustellen und die in den bisherigen deutschen Gesetzgebungen aufgestellten Zurückweisungsgründe ferner beizubehalten.

---

[1] *beschwerlich, mühevoll.*

5. Die Erlaubniss zur Heirath darf nicht von der Zustimmung der Heimaths- oder Niederlassungsgemeinde abhängig gemacht werden und eben so wenig von dem Nachweise eines Nahrungsstandes oder dem Antritte des aktiven Bürgerrechtes.

6. Die Berechtigung zum *Aufenthalt* verleiht an und für sich noch nicht das *Heimathsrecht*; und das Heimathsrecht verleiht an und für sich noch nicht das volle aktive *Staats- und Gemeindebürgerrecht*.

7. Die Gemeinden sind zur Ertheilung des Heimathsrechtes be-[84]-rechtigt. Ausserdem erwirbt es Jeder durch dreijährigen Wohnsitz und Aufenthalt in der Gemeinde, sobald er erklärt, von diesem Rechte Gebrauch machen zu wollen (*Naturalisation*).

8. Sowohl die Heimathsgemeinde, als die Zuzugsgemeinde hat nach Ablauf dieser drei Jahre das Recht, eine Erklärung darüber zu fordern, ob der Uebergezogene von dem Rechte der Naturalisation Gebrauch machen will, oder nicht. Verneint er die Frage, so kann die Zuzugsgemeinde Rückkehr in die Heimathsgemeinde, oder die Heimathsgemeinde die Entrichtung eines jährlichen Rekognitionsgeldes von einem gewissen mässigen Betrage verlangen.

9. Diese Vorschriften sind womöglich gleichmässig und gemeinsam für ganz Deutschland, sei es auf dem Wege des Vertrags oder durch einen einheitlichen gemeinsamen Akt der Gesetzgebung (durch die Reichs- oder Zentralgewalt oder in der Art, wie das allgemeine

deutsche Handelsgesetzbuch[1]) einzuführen.

10. Falls indess ein solcher gemeinschaftlicher Akt nicht zu Stande kommt, dürfen die einzelne Staaten sich durch die Erwartung eines solchen nicht abhalten lassen, selbständig mit der Durchführung dieser Reformen vorzugehn.

11. Die Erwerbung des Staats- und Gemeindebürgerrechtes muss möglichst erleichtert werden.

12. Die Reform der Gesetze über Niederlassung, Gewerbebetrieb, Heirath, Heimathsrecht, Staats- und Gemeindebürgerrecht darf nicht abhängig gemacht werden von einer gleichzeitigen oder vorherigen Reform der Armengesetzgebung.

13. Die förderlichsten Mittel zur Nutzbarmachung der Freizügigkeit und zur Abschaffung oder wenigstens beschränkenden Reform der obligatorischen Staatsarmenpflege sind: Befreiung und freie Theilbarkeit des Grundeigenthums, Abschaffung der Zunftgesetze und sonstiger Beschränkungen der Arbeit und des Erwerbs, Befreiung des Kapitals und Kredits, Abschaffung der Zinswuchergesetze, Herstellung eines billigeren und minder schwierigen Realkredits durch Vereinfachung der Hypothekengesetzgebung, Bankfreiheit, Beseitigung

---

[1] *Das Allgemeine Deutsche Handelsgesetzbuch wurde am 31. Mai 1861 auf der Sitzung der Bundesversammlung des Deutschen Bundes angenommen und trat für dessen Staaten in Kraft. Es gilt heute noch in Liechtenstein, das damals ein Teil des Deutschen Bundes war.*

der indirekten Steuern und der Beschränkungen, welche den Handel und die internationale Arbeitstheilung erschweren, Förderung der sozialen Selbsthülfe vermittelst des Genossenschaftswesens und der Versicherung, und Beseitigung der der Genossenschaftsbildung durch die Gesetzgebung bereiteten Hindernisse, namentlich Verleihung der Rechte juristischer Personen an die Genossenschaften[1] etc. [85]

14. Jede dieser Reformen ist für sich allein ausführbar; aber eine dient zur Vorbereitung, Beförderung und Erleichterung der andern.

15. Der Staat muss sich und seine Unterabtheilungen der Armenpflege möglichst zu entschlagen suchen, was er desto eher kann, je mehr er die volkswirthschaftlichen Kräfte frei walten lässt, und je mehr er sich hütet, durch verkehrte politische, administrative, und finanzielle Massregeln Massen-Verarmungen hervorzurufen.

16. Die Sorge für die arbeitsfähigen Armen ist ihnen selbst. und dem Interesse oder der Mildthätigkeit der bürgerlichen Gesellschaft zu überlassen. Glaubt aber der Staat, so lange er die wirthschaftlichen Kräfte noch nicht genügend durch Freizügigkeit und die andern oben (pos. 13.) genannten Mittel entfesselt und belebt sieht, die Gemeinden oder sonstigen Verbände noch zu

---

[1] *Die Genossenschaften hatten einen unklaren Status in der Zeit. Der einzige rechtliche Weg war, sie als geschlossene Privatgesellschaften oder Vereine zu konstituieren. 1868 wurde, besonders auf Betreiben von Hermann Schulze-Delitzsch, ein gesetzlicher Rahmen für die Genossenschaften geschaffen.*

dieser Obsorge heranziehen zu müssen, so hat er die Pflicht, die Verbände möglichst gross zu machen und Garantieen gegen Missbrauch durch Einführung der Armenhäuser zu gewähren. Im Uebrigen hat sich die eigentliche Staatsarmenpflege auf solche Dürftige zu beschränken, welche entweder gar keine Erwerbsfähigkeit oder keine Rechtspersönlichkeit haben und dabei auch keine Verwandte besitzen, welche diese Mängel zu ergänzen im Stande und verpflichtet sind.

Wiesbaden, den 30. August 1863.

ANHANG

I.

EIN DEUTSCHES SCHNEIDERGESELLENLEBEN[1].

[1] Unter dem Titel: „Ein deutsches Lebensbild", und mit dem Motto von Lasaulx[2]: „Sollte ich noch einmal geboren werden, so möchte ich nicht, daß es in Deutschland wäre", ist soeben ein von Robert Zelle[3]

---

[1] *Aus: Die Presse, 3. Oktober 1862, Seite 1-3.*

[2] *Ernst von Lasaulx (1805-1861) war ein bayerischer Philologe und Geschichtsphilosoph, später Rektor der Universität München. 1848 war er Mitglied der Nationalversammlung in der Paulskirche (Fraktion Café Milani), von 1849 an gehörte er der Kammer der Abgeordneten im Bayerischen Landtag an.*

[3] *Robert Zelle (1829-1901) studierte Rechtswissenschaften in Bonn und Berlin. Er trat dann in den preußischen Staatsdienst*

gehaltener Vortrag im Druck erschienen. Der Vortrag enthält eine lehrreiche Geschichte, die wir hier zu Nutz und Frommen nacherzählen.

Durch Zufall kam dem Verfasser ein Actenstück in die Hände, das von dem Schneidergesellen Johann Leidemit handelt; ein dickleibiges Heft von mehreren hundert Bogen. Als er es durchblättert hatte, trat ihm erschreckend vor die Augen, was noch heute alles mit einem deutschen Unterthan von gesetzeswegen gemacht werden kann. Wenn er dabei die Namen der in Betracht kommenden Orte und Behörden verändert oder verschweigt, so thut dies dem Vortrage selbst keinen Eintrag.

Die ersten Blätter der Acten zeigen den Schneidergesellen Leidemit im Criminal-Gefängnisse. Er war 1855 aus seinem Heimatsdorfe Foppelow in Mecklenburg-Schwerin[1] nach einer großen preußischen Stadt

---

ein. 1861 wurde er Mitglied im Magistrat der Stadt Berlin. 1891 wurde er zum Bürgermeister und 1892 zum Oberbürgermeister von Berlin gewählt. Er gehörte ab 1873 für die Deutsche Fortschrittspartei und dann für die Deutsch-Freisinnige Partei dem Preußischen Abgeordnetenhaus an, als Oberbürgermeister dem Herrenhaus. Bei Libera Media wird von ihm erscheinen: „Waisenpflege und Waisenkinder in Berlin".

[1] Es gab zwei Großherzogtümer, Mecklenburg-Schwerin und Mecklenburg-Strelitz, die von verwandten Häusern regiert wurden. Bismarck wird der Spruch zugeschrieben, er werde bei einem Weltuntergang nach Mecklenburg ziehen, weil dort alles fünfzig Jahre später passiert. Tatsächlich sind die beiden Mecklenburgs wohl die rückständigsten Staaten in Deutschland, wo

gekommen. Hier begab es sich, daß eine Frau Geheim-
räthin bestohlen wurde, bei der seine Schwester diente.
Er hatte die Schwester häufig besucht, besonders des
Abends, wenn er von der Arbeit kam. Also Grund genug zu der Annahme, daß er der Thäter sei. Am 11.
December ward er verhaftet, und vom 18. December
datirt der polizeiliche Rapport[1]: „Leidemit wegen ge-
waltsamen Diebstahls an das Gericht abgegeben."
Ueber die verschiedenen Proceduren, die jetzt mit Leidemit vorgenommen wurden, um ihn zum Geständniß
zu bringen, und die Kontroversen, die seinetwegen zwischen Untersuchungsrichter und Staatsanwalt und Un-
ter- und Obergericht gepflogen wurden, eilen wir flüch-
tig hinweg. Genug, Leidemit blieb 20 volle Wochen
eingesperrt, bis man sich durch das Geständniß der
wirklichen Diebe von seiner Unschuld überzeugt hatte.
Mitte Mai 1855 kam er los. Das nächste Blatt der Acten
trägt die Jahreszahl 1857. Ist es etwa wieder eine Haft-
Anzeige? Ist Leidemit durch den zwanzigwöchentlichen
Aufenthalt unter Verbrechern vielleicht jetzt wirklich
auch Verbrecher geworden? Keineswegs. Wir sehen ein
Attest[2] eines Schneidermeisters Herzog, worin bezeugt
wird, daß er die ganze Zeit seit seiner Entlassung bei
diesem in Arbeit gestanden, und sich in jeder Hinsicht

---

*die Leibeigenschaft erst spät abgeschafft wird, Juden rechtlich
zurückgesetzt sind oder die Prügelstrafe noch gilt. Die arme Bevölkerung stellt dementsprechend ein großes Kontingent der
Auswanderer nach Amerika.*

[1] *Bericht.*

[2] *Bescheinigung.*

musterhaft geführt habe. Leidemit überreicht dies Attest mit einem Gesuche um ein Führungsattest. Letztens wird von seiner Heimatsbehörde verlangt, die er um einen „Heimatsschein"[1] ersucht hat. Diesen wiederum muß er haben, um ein Naturalisation-Gesuch[2], welches er anzubringen beabsichtigt, zu begründen. Das Führungsattest, um welches Leidemit gebeten hatte, erhält er gegen 1 Thlr.18 Sgr. 9 Pf.[3]; im übrigen wird er von der Polizei-Obrigkeit an die Stadtbehörde gewiesen, welche für das Kämmereidorf[4] Kietz, in dem er jetzt wohnt, die Polizei verwaltet. Diese Behörde verfügt nach Leidemit's Vernehmung, über sein Naturalisation-Gesuch die Ausweisung, und er wäre schon jetzt nach Mecklenburg zurückspedirt[5], wenn nicht die Registratur[6] dazwischengetreten wäre. Dem Registrator[7] war er zufällig bekannt geworden; derselbe macht die „gehorsamste Anzeige", daß Leidemit, wie er versichern

---

[1] *Bescheinigung, daß man eine „Heimat" hat, also eine Gemeinde, die einen aufnehmen und bei Verarmung versorgen muß.*

[2] *Antrag auf Einbürgerung.*

[3] *1 Taler = 30 Silbergroschen, 1 Silbergroschen = 12 Pfennige.*

[4] *Die Kämmerei ist die Finanzverwaltung einer Stadt (vgl. den heutigen Titel „Stadtkämmerer"). Eine Quelle für Einkünfte können Besitzungen sein, in diesem Fall ein Dorf, das der oder zur Stadt gehört.*

[5] *zurückverfrachtet.*

[6] *Archiv der Gemeinde.*

[7] *Vorsteher der Registratur, des Archivs der Gemeinde.*

könne, ein durchaus ordentlicher Mensch sei, der sich durch eisernen Fleiß und die trefflichste Führung der Berücksichtigung ganz ausnehmend empfehle. Indessen die Ausweisung war aufgeschoben, nicht aufgehoben. Sie wird zuletzt doch verfügt, weil Leidemit keine Mittel habe, und die Gefahr nahe liege, daß er der Armenkasse zur Last fallen werde. Leidemit weist nach, daß er 200 Thlr.[1] besitze, und reicht ein Attest seines Predigers ein, wonach das Niederlassungsgesuch[2] aufs dringendste befürwortet wird. Unglücklicherweise wird in diesem Attest aber hinzugefügt, daß er unausgesetzt um sein Aufgebot bitte, und sich, sobald ihm die Niederlassung gestattet sei, mit seiner Landsmännin und Braut, der unverehelichten Täuvmann, verheiraten wolle. Die letztere Bemerkung bewirkte gerade das Gegentheil von dem, was sie bewirken sollte. Der Referent hat schon von Anfang an im Geiste den Leidemit der Armenkasse zur Last fallen sehen; jetzt sieht er ihn durch die beabsichtigte Heirat in naher Zukunft unendlich vervielfältigt; neben dem einen Leidemit schweben ihm noch zehn kleine vor, welche um Brod schreien. Ueber diesen Gedanken vergißt er nun ganz den Leidemit selbst und wendet sich vorläufig gegen die unverehelichte Täuvmann, die sofort über die Grenze soll. Es rettet sie aber ein anderer Umstand. Die Vorladung kommt mit dem Bemerken des Briefträgers zurück: „Verzogen, un-

---

[1] *Das ist die Größenordnung eines Jahresgehalts, also recht viel.*

[2] *Hier geht es nur um die Niederlassung, die das Wohnen und Arbeiten gestattet, während Johann Leidemit sich gleichzeitig auch um die weitergehenden Rechte eines Staats- und Gemeindebürgers bemüht (und auch bemühen muß).*

bewußt wohin". Nun geht man wieder dem Leidemit selber zu Leibe; er wird ausgewiesen, weil er sich wegen Verdachts der qualificirten Hehlerei[1] längere Zeit in criminalischer Untersuchung und Haft befunden habe. Leidemit rettet sich aus dem ungastlichen Kämmereidorfe nach der Stadt und richtet sofort eine Eingabe an die Polizei-Obrigkeit, worin er um ein Attest bittet, daß er die 20 Wochen unschuldig gesessen habe, und daß dieser Grund seinem Naturalisations-Gesuche nicht im Wege stehe. Diese Eingabe ist auf einem Stempelbogen[2] abgefaßt. Dergleichen Stempelbogen finden wir in den Acten über ein Dutzend. Leidemit gebraucht sie immer, wenn er ganz in die Enge getrieben ist und sich gar nicht mehr zu retten weiß. Offenbar war er der Meinung, ein Stempelbogen thue mehr Wirkung als ein anderer. Hierin hatte er sich aber diesmal verrechnet. Anstatt aller Antwort wird er sistirt[3], d. h. von einem Polizeibeamten aus seiner Wohnung geholt, und dann ad protocollum[4] in aller Form Rechtens unter Androhung von Zwangstransport oder poli-

---

[1] *Qualifizierte Hehlerei wäre entweder gewerbsmäßige oder in Banden betriebene Hehlerei, was ja selbst bei Nachweis der Tat nicht der Fall gewesen wäre.*

[2] *Papier, das durch einen Stempel gekennzeichnet ist, der eine Abgabe (Stempelgebühr) bescheinigt. Solche Bögen wurden für offizielle Dokumente benötigt. Johann Leidemit möchte damit wohl seinen Eingaben einen seriösen Charakter verleihen und alles richtig machen. Eigentlich ist das überflüssig.*

[3] *festnehmen.*

[4] *zur Protokollaufnahme.*

zeilicher Haft bis zu vier Wochen, ausgewiesen. Das Protocoll endet mit den verhängnißvollen Worten: „Gesund und marschfähig bin ich".

Was ist aus Leidemit geworden? fragen wir, nachdem wir einige Blätter des dicken Actenheftes überschlagen haben. Hat er nach so vielen Hindernissen europamüde [2] Deutschland und seiner Braut den Rücken gewendet und sich dem Strome seiner Landsleute[1] angeschlossen, der jährlich nach Amerika so reichlich abfließt? Ist er wenigstens in dem hartnäckigen Vorsatze müde geworden, sich naturalisiren zu lassen und ein Preuße sein zu wollen? Nein; das nächste Blatt ist schon wieder ein Stempelbogen, also eine unverkennbare Spur von ihm. Er schreibt aus Foppelow in Mecklenburg, daß er trotz aller Bemühungen keine Arbeit in seinem Metier finden könne. Zugleich legt er eine Aufforderung seines früheren Arbeitgebers Herzog bei, worin ihn dieser ersucht, zurückzukehren und bei ihm in Arbeit zu treten. Er wolle ihn als Werkführer bei gutem Gehalte engagiren, da er gestehen müsse, daß er noch keinen so tüchtigen Arbeiter, wie er sei, gefunden habe. Leidemit deutet schüchtern an, daß nach dem Gesetz ausländische Handwerksgesellen in Preußen zugelassen werden müssen, wenn sie eine solche Verschreibung eines Preußischen Arbeitgebers beibringen. Er bittet, die Antwort seiner Braut zugehen zu lassen, welche sich nach ihrer Ausweisung aus Mutz wieder nach der Stadt gewendet hatte. Diese erhält den mündlichen Bescheid,

---

[1] *Aus Mecklenburg wird unter den deutschen Staaten besonders viel ausgewandert.*

Leidemit dürfe nur dann zurückkehren, wenn er die Erlaubniß seiner Heimatsbehörde mitbringe, sich in Preußen zu verheiraten. Aber Bräute sind sanguinisch[1], und Trennung ist bitter. Die Täuvmann hatte nichts Eiligeres zu tun, als den Leidemit zur Rückkehr aufzufordern, vergaß aber dabei zu sagen, daß der Heiratsconsens[2] von der Heimatsbehörde ausgestellt sein müsse. So kommt er wieder an, blos mit einer Heiratserlaubniß der Eltern bewaffnet. Er wird sofort sistirt, und trotzdem er verspricht, binnen acht Tagen das amtliche Attest zu beschaffen, lesen wir wieder: „Gesund und marschfähig bin ich.“

Aber mit der Ausweisung ist es noch nicht genug; weil er unmotivirt[3] zurückkehrt, wird er zu drei Tagen Gefängniß verurtheilt. Bei dieser Gelegenheit sehen wir zum erstenmale die Milch der frommen Denkungsart sich in gährend Drachengift verwandeln, wie Schiller von Wilhelm Tell sagt. Bis dahin hat er ausweislich der Acten alles wie ein Lamm getragen und stets die Protocolle unterzeichnet, worin er ausgewiesen wurde, und bezeugen mußte: „Gesund und marschfähig bin ich.“

---

[1] *von lebhaftem Temperament.*

[2] *Wie in vielen anderen deutschen Staaten wird auch in Mecklenburg eine Erlaubnis der Behörden verlangt, um heiraten zu dürfen. Hierzu muß etwa nachgewiesen werden, daß man wahrscheinlich eine Familie ernähren kann. Die Kehrseite davon ist, daß viele, ohne Trauschein zusammenleben müssen. Das ist besonders stark in Mecklenburg verbreitet.*

[3] *ohne einen Grund dafür zu haben.*

Ein deutsches Schneidergesellenleben

Aber unter dem Protocolle, in dem ihm das Strafresolut[1] publicirt[2] wird, befindet sich der Vermerk: Leidemit verweigert die Unterschrift. Nachdem er die drei Tage abgesessen, ward er zurücksistirt. Es erfolgt eine neue Ausweisung; er unterschreibt: „Gesund und marschfähig bin ich," und erhält eine gelbe Reiseroute[3] in die Heimat.

Seinen Wiederaufenthalt im Vaterlande Mecklenburg hat Leidemit, wie aus den Acten hervorgeht, mit einer Menge vergeblicher Versuche, von den mecklenburgischen Behörden einen Heiratsconsens zu erlangen, zugebracht. Doch wir kehren umsomehr aus Mecklenburg nach Preußen zurück, als unser Leidemit es ebenso gemacht hatte. Er selbst hütet sich wohl, sich hier zu melden; aber dafür begegnen wir in den Acten einer an den Landrath gerichteten Eingabe des Schneiders Trillhose zu Mutz aus dem Anfange des Jahres 1859, worin es heißt: „Hier wohnt jetzt ein Schneidergeselle, Leidemit heißt er, aus Mecklenburg gebürtig, heimatslos, ist auch nicht Meister, der Schulze beherbergt ihn und nimmt ihn in Schutz. Wir sind schon zwei Schneider auf dem kleinen Ort, also sucht der Schulze uns alle zu verder-

---

[1] *Strafentscheidung.*

[2] *bekannt gemacht.*

[3] *Vermutlich bezieht sich das auf die Kleidung, die die Abgeschobenen auf der Fahrt zur Grenze tragen müssen. Johann Leidemit trägt beispielsweise bei seiner Abschiebung eine „Nankinghose" (siehe unten), wobei „Nanking" ein leinwandartiges Kattun-Gewebe ist, das eine gelbliche Farbe hat.*

ben[1]. Also in dringender Bitte flehen wir den Herrn Landrath um Hilfe in unserer Noth, denn Sie werden Ihren Unterthanen Beistand leisten." Der Schulze, über die Beschwerde vernommen, erklärt, Leidemit bemühe sich sehr, preußischer Unterthan zu werden, und betreibe unablässig sein Naturalisations-Gesuch. Bei den anderen Schneidern könne kein Mensch arbeiten lassen, der auf sich etwas gebe; Leidemit sei eine wahre Wohlthat und ein Bedürfniß für den Ort und werde auch sonst von jedermann gern gesehen.

Trotzdem wird Leidemit von der Behörde zur Verantwortung gefordert. Derselbe erklärt, er sei zurückgekommen, weil ihn das Elend der Seinigen gejammert habe. Verheiraten habe er sich nicht dürfen, weil er keine Naturalisation erhalten, und die Naturalisation habe er nicht erhalten, weil er sich nicht habe verheiraten dürfen, und seine Braut nicht habe verlassen können. Alle Atteste zur Naturalisation seien längst da, aber weder in Mecklenburg, noch in Preußen könne er, trotz aller Bemühungen, und trotzdem er ein Arbeiter mit reichlichem Auskommen sei, die Erlaubniß zur Begründung eines eigenen Herdes erhalten. So sei es denn zu seiner tiefen Betrübniß im Laufe der Jahre gekommen, daß seine Braut, ohne daß der Bund kirchlich eingesegnet worden, einige Kinder bekommen hätte, Die Noth dieser Kinder und der Mutter habe ihn nicht länger in der Fremde bleiben lassen. Er sei zurückgekehrt, wolle gern den Kindern den ehrlichen Namen verschaf-

---

[1] *ins Verderben zu stürzen.*

fen[1], und bitte um endliche Naturalisation.

Vorher waren zwei Eigenschaften Leidemit's geltend gemacht, um das Gesuch abzulehnen: er war Concubin[2] und Untersuchungs-Gefangener gewesen. Jetzt wird er wegen einer dritten Eigenschaft abgewiesen, die er an sich hat. Sein Verbrechen ist jetzt das, daß er Gewerbtreibender ist. Die Behörde nahm als notorisch an, daß die einheimischen Schneider sich in großer Kalamität[3] befänden; es lag also, wie nach der Heydt'schen[4] Gewerbe-Ordnung gefordert wird, kein „erheblicher Grund" zur Zulassung des Leidemit vor. Im Sommer 1859 gelangt wieder eine geharnischte Vorstellung des Schneiders Trillhose zu den Acten. Leidemit hat einem Bauer einen Gehrock und einem Kossäten[5] eine baumwollene Weste angefertigt. Es wird um strengste Bestrafung gebeten und Leidemit in der That mit 5 Thlr. Geldbuße, eventuell drei Tagen Gefängniß, angesehen. Zugleich verfügt der Referent: Dem hartnäckigen Trei-

---

[1] *sie zu ehelichen Kindern machen.*

[2] *Männliche Form zu „Concubine". Die Bedeutung ist nicht die heute zu „Maitresse" verengte, sondern daß ein Paar ohne Trauung im „Concubinat" zusammenlebt.*

[3] *Notlage, großes Unglück.*

[4] *August von der Heydt (1801–1874), preußischer Handels- und Finanzminister.*

[5] *Dorfbewohner, die in einer kleinen Kate wohnen und so wenig Landbesitz haben, daß sie meist als Landarbeiter dazuverdienen müssen.*

ben des Leidemit wird nun am sichersten durch dessen sofortige Ausweisung ein Ende zu machen sein. Das nächste Blatt der Acten ist eine Sturmpetition der Mutzer an die Kämmereibehörde. Sämmtliche ansässige Wirthe[1]: Bauern, Bündner und. Kossäten, haben Gesuch aufgesetzt, worin sie bitten, ihnen den Leidemit zu belassen. „Es wäre eine Schande mit anzusehen," sagen sie, „wie wir in Mutz früher einhergingen. Das Zeug hing Einem am Leibe herum und die Jungen liefen uns nach, wenn wir uns an einem andern [3] Orte blicken ließen. Voraus bei den Segensröcken (zur Confirmation) zeigte sich der Umstand, und die Eltern schmissen Zeug[2] und Geld weg". Da sei ihnen denn Leidemit als ein wahrer Trost erschienen, und sie könnten ohne ihn gar nicht mehr fertig werden. — Leidemit selbst begleitet dies Gesuch mit der Bitte auf Stempelbogen, ihm doch den Aufenthalt in Mutz zu gestatten, und führt dabei an, daß er seit vier Wochen mit seiner Braut getraut sei. Ob dieses unerhörten Umstandes entsteht ein gewaltiger Lärm. Man vergißt Leidemit und geht auf den Prediger los, der ihn gegen das Gesetz von 1854 getraut hatte, wonach Ausländer in Preußen bei Strafe gegen die Geistlichen nur dann getraut werden dürfen, wenn sie durch ein Attest ihrer Heimatsbehörde nachweisen, daß sie zur Eingehung der Ehe im Auslande nach den heimischen Gesetzen und unbeschadet ihrer Staatsangehörigkeit befugt sind. Während der Staatsanwalt beschäftigt ist, gegen den Prediger seine Schuldig-

---

[1] *Gemeint sind hier eher Landwirte und nicht Betreiber einer Gastwirtschaft.*

[2] *Tuch, Stoff.*

keit zu thun, setzt wieder der Schneider Trillhose gegen Leidemit Himmel und Hölle, Landrath und Stadtbehörde in Bewegung. Leidemit wird mehrfach sistirt und peinlich verhört[1]. Das letzte Protocoll schließt wieder mit den Worten: „Gesund und marschfähig bin ich." Ein Zwangspaß[2] wird ausgefertigt und die ganze Familie wäre nun ohne Gnade über die Grenze transportirt worden, wenn nicht die Kinder (jetzt sind es schon ihrer drei geworden) an den Masern erkrankt wären. Zum Glück haben diese Drei es so eingerichtet, daß sie sich nach einander legten. Der Landrath erinnert alle vierzehn Tage wegen der Ausweisung, erhält aber immer die Antwort, daß die Masern noch nicht vorüber seien. — Die nächsten Blätter der Acten zeigen uns drei Erkenntnisse des strafenden Richters. Das erste spricht Leidemit bezüglich einer angefertigten leinenen Jacke frei, weil diese That bereits verjährt sei; das zweite verurtheilt ihn wegen eines ähnlichen Vergehens gegen die v. d. Heydt'sche Gewerbegesetzgebung zu 10 Thalern oder 6 Tagen Gefängniß; das dritte ist gegen den Prediger gerichtet, der seine criminelle Handlung, das Leidemit'sche Paar getraut und die Kinder aus Bastarden[3]

---

[1] *Wörtlich: Verhör mit Folter. Allerdings ist die Folter in Preußen schon seit 1740 abgeschafft, sodaß nur im übertragenen Sinne ein sehr eindringliches Verhör gemeint ist.*

[2] *In der Zeit benötigt man in vielen Fällen beim Reisen einen Paß, der einem das Recht zum passieren gibt. Bei einem Zwangspaß ist es umgekehrt die Pflicht, passieren zu müssen, nämlich außer Landes.*

[3] *unehelichen Kindern.*

zu legitimen gemacht zu haben, mit 12 Thaler oder 8 Tagen Gefängniß zu büßen hat.

Leidemit berechnet sich inzwischen, daß ihm die ewigen Bestrafungen theurer zu stehen kommen, als die Meisterprüfung. Er besteht dieselbe mit Glanz und reicht der Behörde das Attest darüber ein. Es wird ihm indessen die niederschmetternde Antwort, daß ihm das gar nichts helfe, denn im §. 18 der allgemeinen Gewerbe-Ordnung stehe geschrieben: „Ausländer dürfen, sofern nicht durch Staatssekretäre ein Anderes bestimmt ist, nur mit Erlaubniß der Ministerien in unseren Staaten ein stehendes Gewerbe[1] betreiben." Jetzt verfaßt er eine Eingabe an die königliche Regierung. Seine Bitte um Naturalisation ist wieder von dem Vorstande des Dorfes warm unterstützt. Alle Einwohner verlören den Leidemit höchst ungern; derselbe habe aber durch die vielen Geldstrafen und Verfolgungen oft die Nächte durch aufsitzen und arbeiten müssen, so daß er schon krank geworden sei und gewiß drauf gehen werde, wenn er nicht bald die „Erlaubniß zu seiner Existenz" erhalte. Der Bericht, den die Unterbehörden erstatten, lautet natürlich abschlägig. Während Leidemit die Regierung anging, hat Trillhose sich an das Ministerium gewendet. Er sagt in seinem Gesuche unter anderm: „In meinem nothgedrungenen Interesse der Selbsterhaltung lege ich diesen Nothschrei vor die Füße Eurer Excellenz. Thatsache ist und bleibt die Anwesenheit des Leidemit, welcher nach wie vor unbefugt selbst fortar-

---

[1] *Im Gegensatz zu einem Gewerbe im Herumziehen, also eines mit einem festen Sitz.*

beitet und dadurch unsere Einnahmen schmälert. Ich beantrage dieserhalb gehorsamst, daß der Leidemit endlich aber ganz bestimmt ausgewiesen wird, sowie ich unterthänigst verharre" u. s. w. — Aus dem Berichte der Unterbehörde erfahren wir, daß die längst endgiltig beschlossene Ausweisung nicht habe effectuirt[1] werden können, da Leidemit's Kinder zwar wieder hergestellt seien, er selbst aber seit einiger Zeit an einem schleichenden Fieber danniederliege. Trillhose ist wahrscheinlich in diesem Sinne beschieden worden, denn er zeigt im Herbst 1860 an, Leidemit sei wieder gesund wie ein Fisch, und arbeite wo möglich mehr als je vorher. Wenn jetzt nicht endlich die Ausweisung erfolge, und zwar im Wege des Schubes[2], so werde er sich Sr.[3] Majestät selbst zu Füßen werfen.

Die Antwort des Ministers scheint den Wünschen Trillhose's gemäß ausgefallen zu sein, denn es findet sich in den Acten eine neue Verhandlung, die mit den bekannten ominösen Worten endet: „Gesund und marschfähig bin ich." Wegen der „Hartnäckigkeit" des Inculpaten[4] müssen mehrere Organe der ausübenden Gewalt den Abmarsch controliren, die denn auch schon am zweiten Tage berichten, daß Leidemit nun wirklich Mutz verlassen habe. Wir haben das Actenstück bald durchlaufen,

---

[1] *durchgeführt*

[2] *als Gefangenentransport mit mehreren Abgeschobenen.*

[3] *Abkürzung bei adeligen Titeln für „Seiner".*

[4] *Beschuldigten.*

denn wir haben nur noch ein einziges Blatt vor uns. Wir schlagen dieses Blatt auf und sehen eine Eingabe, an deren Rande steht: Decretum: Reponantur acta. Die Acten sind wegzulegen, d. h. die Sache ist aus. Wie geht das zu? Hat der Schneider Leidemit endlich eine Heimatsstelle gefunden, wo er bei Tage arbeiten und des Abends sein Haupt in Ruhe niederlegen kann? Allerdings, der Schneider Leidemit hat eine Heimatsstelle gefunden. Die Eingabe, auf der Reponantur acta verfügt worden, ist aus dem Dorfe Hammelstall her, das an der mecklenburgischen Grenze liegt. Der Schulze schreibt, daß Leidemit am Samstag vorher einpassirt[1] und im Kruge[2] liegen geblieben sei; der Schäfer[3] meinte, es sei ein zehrendes Fieber gewesen. Das bare Geld sei für die Begräbnißkosten darauf gegangen; die Stiefeln hätten den Transport nicht gelohnt; brauner Tuchrock, Weste und Nankinghose sind der Heimatsbehörde übersendet. Die übrigen Sachen hat der Krugwirth an Zahlungsstatt an sich genommen. Vielleicht kommt Leidemit's Sohn mal auf seiner Wanderschaft nach Hammelstall und sucht das Grab seines Vaters auf; vielleicht pflanzt er ihm dann ein Kreuz darauf und schreibt daran als Motto die Worte, die vor wenigen Jahren der baierische Deputirte v. Lasaulx von der Tribüne sprach: „Sollte ich noch einmal geboren werden, so möchte ich nicht, daß es wieder in Deutschland wäre."

---

[1] *eingetroffen.*

[2] *Dorfschenke, betrieben vom „Krugwirt".*

[3] *Da Ärzte teuer und auf dem Lande oft nicht vorhanden sind, nehmen sich Schäfer der Kranken an.*

II.

ARMENPFLEGE UND FREIZÜGIGKEIT[1].

(Ueber die preußischen Gesetze vom 31. Dezember 1842.)

Von Karl Grosse.

[211] „Am 4. April 1863 wurde im Forst bei B., Kreis Buk, Regierungsbezirk Posen, der Taglöhner Matthias S. aufgefunden, welcher dort krank, hülflos und ohne Nahrung bereits über zwei Tage lag. Man schaffte ihn zu Wagen nicht etwa nach dem nächsten, nur eine Viertelmeile entfernten Orte, sondern nach dem zwei Meilen entfernten Orte K. und warf ihn dort trotz des Protestes des Gemeindevorstehers auf offener Straße ab. Wenige Stunden nachher starb er auf einem Strohlager, das ihm der mitleidige Gemeindevorsteher im Stalle

---

[1] *Aus: Deutsche Jahrbücher für Politik und Literatur, Achter Band (Juli bis September 1863), Seite 211ff.*

hatte bereiten lassen."

Die Leser der „Deutschen Jahrbücher" werden vielleicht verwundert fragen, was sie denn diese so alltägliche Geschichte interessiren könne. Sie fertigen sie vielleicht gar mit vornehmem Achselzucken und der wegwerfenden Bemerkung: „Polnische Wirtschaft", ab und denken, ob es denn nicht wichtigere Dinge zu behandeln gäbe, als den Tod dieses Vagabunden. Sie rufen sich dabei wohl jene ekelerregenden Gestalten in das Gedächtniß zurück, wie sie ihnen dann und wann auf den Landstraßen oder bei zufälliger Anwesenheit in Polizei- und Gerichtssälen entgegen traten. Geduld! Ich gestehe die Berechtigung des gebrauchten Ehrentitels für Matthias S. zu, ich gebe zu, daß es selten einen widerlicheren Anblick giebt, als den eines echten deutschen Landstreichers; — keiner jener südlichen Bettler, wie sie Murillo[1] zeichnete, wie sie die spanischen Schelmen- und Bettlerromane so keck schildern, in deren Lumpen sogar sich der heitere Himmel ihres Vaterlandes spiegelt; nein, jene von Schmutz und Ungeziefer starrenden, in Lumpen gehüllten Menschen mit dem thierisch stumpfen Ausdruck des vom Branntwein gerötheten Gesichtes. Oft aber würde uns Mitleid statt Ekel erfüllen, wenn wir uns vergegenwärtigten, daß Matthias S, wie unzählige seines Gleichen, ein Opfer unserer Gesetzgebung ist, einer Gesetzgebung, die noch andere Leute und kräftiger organisirte Naturen in Verzweiflung, Elend und Tod zu führen im Stande ist. [212]

---

[1] *Bartolomé Esteban Murillo (1618-1682)*

Armenpflege und Freizügigkeit

Er war krank, arm und heimathslos oder, wie man seit einer Anordnung des Ministers Schwerin[1] euphemistisch sagt, „ohne Domizil", — genug, um ihn auszustoßen, wo er hülfesuchend um Aufnahme bat. Und doch gilt in Preußen gesetzlich die Freizügigkeit, doch lautet §. 1. des Gesetzes vom 31. Dezember 1842 über die Aufnahme neuanziehender Personen: „Keinem selbständigen preußischen Unterthan darf an dem Orte, wo er eine eigene Wohnung oder ein Unterkommen sich selbst zu verschaffen im Stande ist, der Aufenthalt verweigert oder durch lästige Bedingungen erschwert werden."

Ja, so lautet das Gesetz. Und wäre nun dieses natürliche Recht jedes Menschen, das eigentlich einer gesetzlichen Feststellung ebenso wenig bedarf, wie das Recht zu athmen, ebenso unumstößlich, wir würden wahrscheinlich niemals oder doch nur in den seltensten Fällen solch menschliches Elend finden, wie das oben erwähnte. Aber die Regel hat leider gar viele Ausnahmen, und eine Regierungsweisheit, die sich von den grünen Tischen der Verwaltungsbehörden in die Vorstände der Stadt- und Landgemeinden übertragen hat, gefällt sich darin, in übertriebener Fürsorge und Bevormundung die Ausnahmen für unzählige Personen und Fälle zur Regel zu machen.

Sehen wir, welches diese gesetzlichen Ausnahmen

---

[1] *Maximilian von Schwerin-Putzar (1804–1872), Mitglied der Frankfurter Nationalversammlung, preußischer Staatsminister, Gegenspieler von Bismarck. Auf ihn geht das Wort „Recht geht vor Macht" zurück.*

sind. Die §§. 2, 3, 4, 5 des angezogenen Gesetzes be-
stimmen folgende:

Eine freie Wahl ihres Aufenthaltes haben nicht:

1)   die in dieser freien Wahl durch ein Strafurtheil
beschränkten Personen, nach jetziger Lage der
Gesetzgebung also diejenigen, gegen welche
die Strafe der Polizeiaufsicht verhängt ist, denn
solchen kann der Aufenthalt an einzelnen bestimmten Orten von der Landespolizeibehörde
untersagt werden (§. 27. des Strafgesetzbu-
ches);

2)   die zu Zuchthaus oder wegen eines Verbrechens (oder Vergehens, wie nach den Begriffs-
bestimmungen des jetzt geltenden Strafrechtes
hinzugefügt werden muß), wodurch sie sich als
für die öffentliche Sicherheit oder Moralität ge-
fährliche Menschen darstellen, zu irgend einer
anderen Strafe verurtheilten oder in einer Korrektionsanstalt verwahrt gewesenen, entlasse-
nen Sträflinge, denen die Landespolizeibehörde den Aufenthalt an gewissen Orten zu unter-
sagen für nöthig findet;

3)   die Angehörigen eines in einer Straf- oder Korrektionsanstalt[1] noch Eingesperrten;

4)   diejenigen, welche weder hinreichendes Vermögen, noch Kräfte besitzen, sich und ihren
nicht arbeitsfähigen Angehörigen den nothdürftigen Lebensunterhalt zu verschaffen, sol-

---

[1] *Besserungsanstalt (im Gegensatz zu einer Strafanstalt).*

chen auch nicht von einem zu ihrer Ernährung verpflichteten Verwandten zu erwarten haben.

Wir unterscheiden danach zwei Gruppen. Einmal diejenigen, denen im angeblichen Interesse der öffentlichen Sicherheit, dann diejenigen, denen im [213] Interesse des Vermögens der zur öffentlichen Armenpflege verpflichteten Verbände eine Beschränkung in der freien Wahl der Heimath auferlegt ist. — Vor dem Richterstuhl der gesunden Vernunft so wenig, wie vor dem einer vernünftigen Staatswirthschaft läßt sich auch nur eine dieser Ausnahmebestimmungen rechtfertigen. Wir werden sogar sehen, wie sie nothwendig das beabsichtigte Ziel verfehlen.

Unsere neuere Strafgesetzgebung hat wohl kaum einen unglücklicheren Griff gethan, als die Einführung der Polizeiaufsicht, als einer neuen, bis dahin sowohl unserem, als auch dem französischen Strafrechte, welchem sonst unser Strafgesetzbuch mit einer fast ängstlichen Genauigkeit folgt, unbekannten Strafe. Nach der Theorie dieser Gesetzgebung ist die Strafe nichts anderes, als das Mittel, den Verbrecher für eine Zeit lang unschädlich für die staatliche Gesellschaft zu machen; deshalb setzt man nach ausgestandener Freiheitsstrafe die staatliche Aufsicht über sein Thun und Treiben fort, verbietet ihm den Aufenthalt an gewissen Orten, unterwirft seine Wohnung jederzeit der Haussuchung, kurz, verlängert nur die Kette etwas, die ihn früher im Gefängnisse an seine Zelle band. Aber nach einer reiferen Anschauung gilt es für unsittlich, den Menschen, der sein Verbrechen gesühnt hat, noch länger durch entwürdigende Strafen zu brandmarken und auszustoßen. Statt gebessert, wird er verbittert. Die Statistik zeigt freilich, wie unzählig die Rückfälle der Verbrecher, wie selten die Besserungen; welche anderen Resultate aber kann man erwarten, wenn man den Bestraften auch nach ausgestandener Strafe seiner natürlichen Rechte für verlustig erklärt. Wenn auf der einen Seite unsittlich, ist diese Strafe auf der anderen Seite unpraktisch. Dem Einbrecher, der sein gefährliches Handwerk in einer volkreichen Stadt trieb, wird man etwa den Aufenthalt in jeder größeren Stadt verbieten. Wenn ihm nicht gleichzeitig eine lohnende Arbeit angewiesen wird, bleibt das ohne Erfolg. — Oder man weiset ihn umgekehrt aus der kleineren Gemeinde in die größere. Um so leichter wird er Genossen finden, ein um so reicheres Feld wird sich ihm bieten. Das Verbrechen verbindet ebenso wie jede löbliche Bestrebung. In jedem Falle ist es wahrscheinlich, daß der beabsichtigte Zweck nicht erreicht wird, und ebenso wahrscheinlich, daß dem Verbrecher Mittel und Gelegenheit genommen werden, durch ehrliche Arbeit ein neues Leben zu beginnen. Ueberdies leistet Nichts dafür Gewähr, daß die Landespolizeibehörde bei der Verweisung des Verbrechers aus gewissen Orten die richtige Wahl treffe. Ja, weil gerade hier das Interesse des Schutzes der Gesellschaft mit dem der Besserung des Verbrechers sich zu widersprechen scheint, ist mit Sicherheit darauf zu schließen, daß die Wahl eine falsche sein wird. In der That aber ist dieser Widerspruch nicht vorhanden, denn wo die Existenz des Verbrechers am gefährlichsten sein kann, also namentlich in volkreichen Städten und Gegenden, da bietet sich auch das Mittel der [214] Abwehr selbst in der dort leichter gefundenen lohnenden Arbeit und in der Möglichkeit für den Verbrecher, am unbeachtetsten, und darauf kommt es dem wirklich reuigen hauptsächlich an, seinen Wiedereintritt in die bürgerliche Ehrenhaftigkeit zu bewirken. Deshalb ist in England z. B. das Verhältniß der ehrlichen Leute zu den Verbrechern am günstigsten in London, wo auf 178 ehrliche Leute ein Verbrecher kommt, wahrend in allen anderen Distrikten das Verhältniß ein bei Weitem ungünstigeres ist.

Ganz ebenso wie die durch r i c h t e r l i c h e s E r k e n n t n i ß unter Polizeiaufsicht gestellten Personen, stehen diejenigen, welche unter die zweite Ausnahmebestimmung fallen. Die innere Berechtigung und der Erfolg der Maßregel sind dieselben. Schlechter sind diese Sträflinge nur gestellt, weil nicht eine richterliche Entscheidung, sondern polizeiliche Willkür sie beschränkt. In der That Willkür, denn die Entscheidung der Landespolizeibehörde ist an bestimmte, gesetzlich abgegrenzte Gründe nicht gebunden, im besten Falle regeln sie Reskripte des vorgesetzten Ministers, und daß die Behörde über die Gründe des Verbots des Aufenthalts an gewissen Orten nur dem Minister, nicht aber der Partei Rechenschaft zu geben schuldig ist, das ist ausdrücklich ausgesprochen. Der Möglichkeit eines Mißbrauchs ist durch diese Bestimmung Thor und Thür geöffnet, der denn auch in der That zur Zeit der Manteuffel-Hinkeldeyschen Herrschaft[1] — besonders

---

[1] *Otto Theodor von Manteuffel (1805-1882) war während der Reaktionszeit von 1850 bis 1858 Preußischer Ministerpräsident. Die von ihm betriebene Politik war verhaßt für ihre Bevormundung der Bevölkerung durch eine kleinliche Bürokratie. Karl Ludwig Friedrich von Hinckeldey (1805-1856) war in derselben Zeit Generaldirektor der Polizei in Preußen und verantwortlich für die Verfolgung der Teilnehmer an der Revolution von 1848*

gegen politische Verbrecher — reichlich geübt ward.

Aber Matthias S. war kein Verbrecher; es ist sogar unbekannt, ob jemals in einer Korrektionsanstalt Besserungsversuche mit ihm angestellt sind, und endlich steht fest, daß er sich niemals gegen irgend welche staatliche Anordnung aufgelehnt hat. Und doch im Elend umgekommen! Vergessen wir nicht, daß das unerbittliche Gesetz den Armen, Kranken, Schwachen dem Verbrecher faktisch gleichstellt, ja daß er in Wahrheit noch weit schlimmer daran ist. Denn diesem verschließt der Machtspruch der Landespolizeibehörde nur einzelne Orte, außer diesen gehört ihm die weite Welt; aber jenem verschließt jede Gemeinde, außer der einen, der er eben angehört, die ihn aber so scheel ansieht, wie jede andere, Thor und Thür. Ruhelos, ohne eine Stätte, wo er sein Haupt niederlege, wandert er von Stadt zu Stadt, von Dorf zu Dorf; widerwillig reicht ihm jeder das kärgliche Almosen und beobachtet ihn, ob er nicht etwa an fremdem Eigenthum sich vergreife. Für ihn sind jene edlen Wahrheiten der christlichen Religion: „Suchet, so werdet ihr finden, klopfet an, so wird euch aufgethan", nicht gesprochen. Warum dem Armen, dem ja doch fast Alles versagt ist, was dem Leben Werth verleiht, auch noch das heilige Naturrecht des freien Aufenthalts nehmen? Warum dem Kranken und Lebensmüden nicht in Ruhe das Plätzchen gönnen, wo er sein schweres Haupt zum Sterben legen will?

---

sowie die Umsetzung der reaktionären Politik. Die gemeinsame Nennung der beiden ist üblich, weil sie als eine politische Einheit erschienen.

Armenpflege und Freizügigkeit

Keine Gemeinde ist verpflichtet, Diejenigen, welche weder hinreichendes [215] Vermögen, noch Kräfte besitzen, sich und ihren nicht arbeitsfähigen Angehörigen den nothdürftigen Unterhalt zu verschaffen, bei sich aufzunehmen. Wie ist festzustellen, ob Vermögen oder Kräfte hinreichend sind? Konstatiren wir zunächst, daß die vorsorglichen Behörden, die im Bevormunden und Bevormundetsein aufgewachsen sind, in übertriebener Sorge für das angebliche Wohl der ihnen „anvertrauten" Gemeinden aus der Nichtverpflichtung zur Aufnahme und Berechtigung zur Abweisung eine Verpflichtung zur Abweisung gemacht, weil — so behaupten sie und sie haben nach den Motiven des Gesetzes ein Recht dazu — sie verpflichtet wären, der Gemeinde jede auch nur denkbare Last, soweit das Gesetz es zuläßt, zu ersparen. Denn die Gemeinde ist verpflichtet, jedem ihrer Mitglieder, das sich nicht mehr selbst zu erhalten im Stande ist, Armenunterstützung zu gewähren. Damit ist die Antwort auf unsere Frage gegeben. Die Ausnahme zur Regel machen, ist die ganz natürliche Folge dieses Grundsatzes. Jeder wird als eine künftige Last für die Gemeinde, als ein Aspirant auf den Armenseckel[1] angesehen, gegen jeden Neuanziehenden verschließt man sich, wo möglich, hermetisch. Wo irgend nur die entfernteste Möglichkeit künftiger Verarmung in Aussicht ist, gilt die gegenwärtige Unfähigkeit für erwiesen. Was hilft es da, daß das Gesetz ausdrücklich verordnet: „die Besorgniß künftiger Verarmung genügt nicht zur Abweisung"; und: „Niemandem soll,

---

[1] *Bildlich: die Armenkasse als Säckchen mit Geld.*

es sei denn in den vorgesehenen Ausnahmefällen, der Aufenthalt verweigert oder durch lästige Bedingungen erschwert werden". Von gesunden und kräftigen Leuten verlangt man den Nachweis, daß irgend ein Anderer, etwa ein Arbeitgeber, sie erhalten werde, wenn sie einmal erkranken sollten, Anderen stellt man, Gott weiß welche! andere Bedingungen. Das sind freilich Dinge, die je weiter und freier der Blick, je tiefer eine gewisse volkswirthschaftliche Bildung in die Gemeinden und deren Leiter eindringt, sich von selbst wieder aufheben, aber namentlich die kleineren Städte, in welchen die ehemaligen Schreiber herrschen, leisten in dieser Beziehung wirklich Unglaubliches, und die Landgemeinden ringen würdig mit ihnen um die Palme des Sieges. Sie glauben ihr Hab und Gut gegen andringende Räuberschaaren vertheidigen zu müssen, und nimmt man hinzu, daß jede kleine Stadt sich für eine Art Eldorado ansieht, so ist es wahrlich nicht übertrieben, wenn man behauptet, diese Leute fürchten, daß ihre eigene Stadt übervölkert, alle anderen dagegen entvölkert werden. Und das Gesetz leistet diesem Unverstande Vorschub.

Es bedarf keines Beweises, daß tausend Beschäftigungen Einem an anderen Orten lohnende Thätigkeit gewähren können, dem seine Heimath eine solche nicht bietet, und daß ebenso oft thatsächlich vorhandene Vorbedingungen einer bestimmten Thätigkeit an einem Orte reichlichen Lohn einbringen, die an einem anderen Orte auch nicht einen Groschen erringt. Dennoch, wer jemals die Hülfe der Armenkasse einer Gemeinde in Anspruch genommen hat, [216] ist für immer verfehmt[1]. Er muß zurück in sein früheres Elend, keine neue Gemeinde nimmt ihn auf, er wird zum Betteln gezwungen! —

Glücklich, der wenigstens noch eine Heimath[2] hat, dem, so kärglich die Unterstützungen auch fließen mögen, doch noch der Strohhalm geboten wird, nach dem der Ertrinkende greift. Wie viel mehr ist der zu beklagen, der auch diese letzte Zuflucht verloren hat. Mit dem Aufenthalt an einem Orte allein ist es nicht gethan, es gehören noch andere Vorbedingungen dazu, um nach Vorschrift unserer Gesetze das traurige Recht erworben zu haben, Armenunterstützungen zu empfangen. In unzähligen Fällen streitet man sich noch, wie jene bekannten sieben griechischen Städte um die Geburtsstätte Homer's, nur nicht um die Ehre, sondern um den Fluch der Verpflichtung zur Armenpflege. Der Berechtigte kann von Glück sagen, wenn er nicht vor dem Austrage des Streites zu Grunde geht. Freilich auch der Tod endet den Streit noch nicht. — Die Fürsorge für einen Armen hat nach §. 1. des Gesetzes vom 31. Dezember 1842 über die Verpflichtung zur öffentlichen Armenpflege diejenige Gemeinde zu übernehmen, in welcher derselbe:

---

[1] *geächtet.*

[2] *Im Gegensatz zum heutigen Sprachgebrauch, wo „Heimat"
eher einen emotionale Beziehung zum Herkunftsort ausdrückt,
handelt es sich in jener Zeit eher um einen technischen Begriff,
der bedeutet, daß es eine Gemeinde gibt, die „Heimat", die einen aufnehmen und verpflegen muß. Nicht jeder hat eine „Heimat". Wer keine hat, wird je nachdem hin- und hergeschoben.*

1)   als Mitglied ausdrücklich aufgenommen worden ist, oder

2)   unter Beobachtung der Vorschriften des §. 8. des Gesetzes von demselben Tage über die Aufnahme neuanziehender Personen einen Wohnsitz erworben, oder

3)   nach erlangter Großjährigkeit während der letzten drei Jahre vor dem Zeitraume, zu welchem seine Hülfsbedürftigkeit hervortritt, seinen gewöhnlichen Aufenthalt gehabt hat.

Im Sinne des erwähnten §. 8. und der von uns geschilderten Auslegungskunst unserer Verwaltungsbehörden und Gemeindevorstände aber erwirbt der seinen Wohnsitz an irgend einem Orte, welcher seine Absicht der Niederlassung der Polizei-Obrigkeit daselbst gemeldet und über seine persönlichen Verhältnisse eine solche Auskunft zu geben vermocht hat, daß es der betreffenden Polizei-Obrigkeit nicht hat gelingen wollen, ihn auf Grund irgend einer Ausnahmebestimmung zurückzuweisen. — Es wird ferner ein Wohnsitz im Sinne des Gesetzes für Personen, welche als Dienstboten, Haus- und Wirthschaftsbeamte, Handwerksgesellen, Fabrikarbeiter u. s. w. im Dienste eines Anderen stehen, an dem Orte, wo sie sich im Dienste befinden, durch dieses Dienstverhältniß allein niemals begründet, und wenn binnen Jahresfrist nach der Aufnahme eines Neuanziehenden die Nothwendigkeit einer öffentlichen Unterstützung sich herausstellt und die Gemeinde nachweiset, daß die Verarmung, das ist natürlich der Mangel an einem sogenannten Vermögen (Kapitalvermögen), schon vor dem Anzuge vorhanden war, so sind die

Armenpflege und Freizügigkeit

Wirkungen der Niederlassung wieder aufgehoben und der Verarmte kann an die Gemeinde seines früheren Aufenthaltsortes zurückgewiesen werden. Wer will da noch leugnen, daß es selbst unendlich schwer sei, sich das Recht zu erwerben, von Almosen zu leben. Auf wem ein-[217]-mal der Fluch der Heimathslosigkeit ruht, dem wird es nie wieder gelingen, am eigenen Heerde Brod zu finden. Kein Ort nimmt ihn auf, ihm bleibt nichts, als die traurige Zuflucht des Arbeitshauses, in das er von Zeit zu Zeit zurückkehrt, bis er endlich an einer Landstraße verhungert. So Matthias S. In G., wo er nach seinen schwachen Kräften Arbeit gefunden, erkrankt, lud man ihn auf ein gedungenes Fuhrwerk und fuhr ihn, um die Kosten seiner Pflege und seines Begräbnisses nicht aufzuwenden, nach B. Hier aber drohte man dem Führer des Wagens mit Mißhandlungen, wenn er es wagen sollte, ihn dort zu lassen. Dem Elenden blieb zum Schutze nichts als der Wald. Man fand ihn nach zwei Tagen, aber Einwohner des Ortes B., des nächsten, führten ihn nach dem Meilen weit entfernten Orte K. Man warf den Sterbenden auf die Landstraße. Den mitleidigen Schulzen[1], der ihn aufgenommen, überhäuften nach dem Tode des S. Gemeindemitglieder deshalb mit den heftigsten Vorwürfen. Wäre es möglich gewesen, man hätte den todten Körper noch über die Grenze geführt.

Von zahllosen Landstreichern und Bettlern, die mir,

---

[1] *Ein Schulze ist zu der Zeit ein Ortsvorsteher mit Kompetenzen etwa eines heutigen Bürgermeisters. Ursprünglich hatte der Titel mehr die Bedeutung eines Dorfrichters, der in lokalen Angelegenheiten Recht sprach.*

während ich in der Nähe der Residenz ein Richteramt verwaltete, vorgeführt wurden, hörte ich immer und wieder die Klage: „Mich nimmt Niemand mehr auf; wo ich Arbeit finden könnte, duldet man mich nicht; was soll ich Anderes thun, als auf der Landstraße um Almosen bitten". Die elendesten unter ihnen sprachen es geradezu aus, wie glücklich sie eine Verurtheilung mache, hätten sie im Arbeitshause doch ein Obdach, Kleidung und Nahrung, während ihnen die Freiheit nichts als Elend bringe, ja Mancher bat geradezu um eine recht lange dauernde Freiheitsstrafe.

Nach dem Gesetze vom 31. Dezember 1842 ist die öffentliche Armenpflege eine Last der Gemeinde oder Gutsherrschaft, oder der Provinz. Eine Last nennt sie das Gesetz bezeichnend genug; eine Last, was dem von Nächstenliebe durchdrungenen Herzen eine Freude sein sollte, was die christliche Religion die vorzüglichste Pflicht nennt. Die Fürsorge für einen Armen hat, abgesehen von der zuerst eintretenden Verpflichtung gewisser Kategorien (Verwandte, Dienstherrschaften in bestimmten Fällen, Stiftungen und einzelne Korporationen), die Gemeinde, in deren Gemarkung[1], oder die Gutsherrschaft, in deren Gutsbezirk der Arme seinen Wohnsitz hat. Die Verpflichtung der letzteren ist verhältnißmäßig schwerer, als die der ersteren. Viele tragen leichter, was dem Einen, sei er auch noch so wohlhabend, schwer fällt. Der Gutsherrschaft verbleibt näm-

---

[1] *Eine Gemarkung umfaßt eine Anzahl meist zusammenhängender Grundstücke. Hier ist das Gebiet der Gemeinde gemeint, während die „Gemeinde" im engen Sinne nur die politische Institution bezeichnet.*

lich der Regel nach auch die Verpflichtung zum Unterhalt derjenigen Armen, welche auf den vom Gute veräußerten Trennstücken[1] sich befinden, und von der Regel tritt nur dann eine Ausnahme ein, wenn dergleichen Trennstücke wieder unter sich, oder mit anderen Grundstücken zu einer neuen Gemeinde verbunden sind. Wir finden hier dieselbe Theilung wie in der Gemeindeordnung: Gemeinden und [218] selbständige Gutsbezirke. Das Junkerthum hat hier in seiner Absonderung einmal ein Privilegium odiosum[2], dem es sich in der That möglichst zu entziehen sucht. Denn hier, wo der Eine alle Gewalt und alles Recht hat, wird natürlich die ganze Raffinirtheit der Wirthschaftsbeamten, Rentmeister[3] und wie alle die dienstbeflissenen Leute sich nennen mögen, aufgeboten, die ein Unterkommen Suchenden abzuweisen, und die Aufgenommenen rechtzeitig wieder wegzuschicken, oder ihnen den Aufenthalt rechtzeitig zu verleiden. Die Familien sind zu zählen, zu deren Stolz es gehört, einem treuen Arbeiter das Gnadenbrod bis an sein Ende zu reichen, Treue mit Treue zu vergelten. Die Theilung örtlicher Armenverbände in

---

[1] *Trennstücke sind Grundstücke, die bei einer Grenzziehung am Rande entstehen. Sie können durch Veräußerung aus dem Gutsbezirk herausfallen, der sonst für die Armenversorgung verantwortlich wäre. Auf diese Weise kann sich ein Gutsherr seine Pflichten entledigen.*

[2] *Wörtlich ein „verhaßtes Vorrecht", d. h. eine rechtliche Sonderstellung, die aber im Gegensatz zu einem richtigen Privileg nachteilig ist.*

[3] *Ein Rentmeister steht einem Rentamt vor, das üblicherweise auf einem großen Gut Abgaben als eine Art Steuern eintreibt.*

Anhang

Gemeindeverbände und Gutsbezirke aber ist um so beklagenswerther, als in vielen Fällen die Aufhebung dieser Theilung gerade um der Verpflichtung zur öffentlichen Armenpflege willen unendlich erschwert, ja so lange nicht aufgeklärte Anschauungen einen breiteren Boden im Volke gefunden haben, fast unmöglich geworden ist. Bei der beabsichtigten Vereinigung selbständiger Gutsbezirke mit benachbarten städtischen oder ländlichen Gemeinden hat man seitens letzterer das widersinnige Verlangen gestellt, daß die Gutsherrschaften die zur Zeit der Vereinigung zu verpflegenden Armen ihres Bezirks aus eigenen Mitteln zu erhalten verpflichtet bleiben, andererseits aber ihren verhältnißmäßigen Beitrag zur Armenlast der Gemeinde entrichten sollten. Die nach allen gegebenen Verhältnissen in jeder Beziehung zweckmäßige und gebotene Vereinigung unterblieb. Freilich unsere Pfahlbürger[1] und Bauern sind, wo möglich, oft noch ein gutes Stück bornirter, als unsere Junker.

Ist kein örtlicher Armenverband vorhanden. welchem die Fürsorge für den Verarmten obliegt, so ist die Verpflichtung dazu eine Provinziallast[2], welche von den

---

[1] *Ursprünglich jemand, der außerhalb der Grenzpfähle einer Stadt lebt, aber deren Bürgerrecht hat, um sie mitverteidigen zu können. Die spätere Bedeutung, die hier gemeint ist, ist die eines engstirnigen Spießbürgers.*

[2] *Es gilt ein Subsidiaritätsprinzip, bei dem die höhere Ebene der unteren aushilft, wenn diese an ihre Grenzen stößt. Der preußische Staat gliedert sich auf der nächsten Ebene in Provinzen, unter denen wieder die Gemeinden und Städte stehen. Provinzen wären etwa West- und Ostpreußen, Ober- und Niederschle-*

sogenannten Land-Armenverbänden getragen wird. Diese bestreiten die Kosten theils aus provinziell ausgeschriebenen Steuern, theils aus Staatszuschüssen. Der Land-Armenverband tritt aber auch subsidiär ein, wenn und soweit Gemeinden zur Verpflegung ihrer Armen unvermögend sind, er ist endlich, wo besondere Land-Armenhäuser errichtet sind, verpflichtet, auch solche Arme, für welche von örtlichen Armenverbänden (Gemeinden oder Gutsherrschaften) zu sorgen ist, auf deren Verlangen gegen Vergütung eines angemessenen Verpflegungssatzes aufzunehmen. Fügen wir hinzu, daß Ehefrauen und Kinder, wie der Regel nach, auch hier dem Manne folgen, also vorkommenden Falls dem Armenverbande zur Last fallen, dem die Fürsorge für den Mann obliegt, so sind die Hauptgrundzüge der bestehenden Gesetzgebung angegeben. Einzelne wichtigere Ausnahmen werden im Folgenden gelegentlich berührt werden.

Abgesehen von der Frage, ob öffentliche Armenpflege oder nicht, haben wir bereits in Vorstehendem nachgewiesen, daß örtliche Armenverbände desto unverträglicher mit der Freizügigkeit sind, je kleiner sie sind. Nur bis an [219] die Grenze des Armenverbandes steht Jedem die Wahl seines Aufenthalts unbedingt frei; je enger diese gezogen sind, desto mehr ist der Mensch an die Scholle gebunden. Beide Kreise decken sich vollständig und wenn, was hier auszuführen nicht der Ort

_____

sien, die Rheinprovinz oder Westfalen. Sie haben eine eigene Provinzialverwaltung mit einer „Regierung" als Spitze (die preußische Regierung im heutigen Sinne heißt „Ministerium") sowie eine begrenzte Selbstverwaltung, etwa mit Provinziallandtagen.

ist, Wissenschaft und Leben längst unumstößlich nachgewiesen haben, daß die volle Freizügigkeit eine volkswirthschaftliche Nothwendigkeit ist, so verlangt diese
Notwendigkeit eine ebenso weite Ausdehnung der Armenverbände. Die Armenverbände der Gutsbezirke
und der kleineren Gemeinden sind deshalb unerträglich,
weniger schwer fallen die der volkreicheren Städte,
noch weniger die der Provinzen den Betheiligten zur
Last. Daraus folgt, daß wenn eine allgemein gesetzlich
vorgeschriebene Verpflichtung zur Armenpflege bestehen soll, diese sogenannte Armenlast eine Staatslast sein
muß. — Statt diesen konsequenten Weg anzubahnen,
verfallen die Bestimmungen des Gesetzes gerade in das
Gegentheil. Wenn Gemeinden zu klein waren, um der
Armenpflicht genügen zu können, so mußte naturgemäß ihre Selbständigkeit in dieser Beziehung aufgehoben werden, ihr Anschluß an eine größere Gemeinde,
wie die Bildung von Sammtgemeinden[1] in der Gemeindeordnung von 1850, erfolgen. Statt dessen ließ man
ihnen ihre Selbständigkeit und richtete bei den betreffenden Regierungen den sogenannten Wohlthätigkeits-
fond ein, welcher als Hülfsfond zur Unterstützung un-
vermögender Gemeinden bei Leistung der Armenpflege
dient, und ließ ihnen durch die bereits erwähnte Er-
möglichung der Aufnahme ihrer Armen in die Anstalten der größeren Verbände eine in derselben Richtung
wirkende Begünstigung zu Theil werden. Die nothwendige Folge des Wegfalls solcher Einrichtungen würde

---

[1] *Viele Gemeinden waren sehr klein, oft mit weniger als hundert
Angehörigen. Da für diese die Funktionen einer Gemeinde nicht
erfüllt werden konnten, wurden sie zu sogenannten Sammtgemeinden („sammt" zu „gesammt") zusammengelegt.*

die freiwillige auch in vielen anderen Beziehungen so wünschenswerthe Bildung größerer Verbände hervorrufen und befördern.

Auf einer anderen Seite leidet auch dies Gesetz an der allgemeinen Krankheit der Vielregiererei und Vielschreiberei. Die Streitigkeiten zwischen den einzelnen Armenverbänden, sei es, daß sie die Verpflichtung zur Uebernahme von Personen und Familien, oder die Verpflichtung zur Verabreichung von Armenunterstützungen betreffen, sei es, daß es sich um Erstattung der von einzelnen Armenverbänden verabreichten Unterstützungen handelt, sind zahllos, ebenso zahllos die Entscheidungen der Verwaltungsbehörden, auf welche das Gesetz fast in jedem Paragraphen rekurrirt[1]. Wer ermißt die ungeheuren Werthe an Material und Arbeitskraft, die auch hier im Dienste des büreaukratischen Staates nutzlos verschwendet werden. Was kann es nützen, wenn für die vereinzelte Kategorie von Unterstützungsbedürftigen das Gesetz verordnet, daß Personen, welche als Dienstboten, Gewerbegehülfen, Gesellen und Lehrlinge in einem Dienstverhältnisse stehen und an diesem Orte, wo sie sich im Dienste befinden, erkranken, vorausgesetzt, daß kein Verwandter, Dienstherr, Lehrherr u. s. w. dazu verpflichtet sei, von dem [220] Armenverbande dieses Orts verpflegt werden sollen, ohne daß, es sei denn die Krankenpflege dauere länger als drei Monate, ein Anspruch auf Erstattung der Kur- und Verpflegungskosten stattfinden solle. Wenn man richtig erkannt hat, daß das Leben die dadurch den

---

[1] *zurückgekommen.*

121

einzelnen Armenverbanden auferlegten Lasten ausglei-
chen würde, warum ist dann nicht das Prinzip durch-
greifend anerkannt, welches ebenso wohl auf alle anderen Kategorien von Almosenempfängern Anwendung
findet, und dessen Richtigkeit jedenfalls durch keine
Zeit beschränkt wird. Die Anerkennung eines Grundsatzes in einem vereinzelten Falle gegenüber der Ver-
leugnung desselben in allen übrigen Fällen kann auch in
jenem Falle nur schaden, nicht nützen. Und in der That
hat denn auch, wie bereits früher erwähnt, diese Bestimmung keine andere Folgen gehabt, als eine vermehrte Belästigung und damit ein vermindertes Recht
der Freizügigkeit für diese Klassen von Personen.

Unerfindlich ist es zumal, wir wiederholen dies, warum hier die Pflicht zur Verpflegung auf drei Monate
begrenzt ist; denn die, der Bestimmung zu Grunde lie-
genden, so richtigen Gedanken und Voraussetzungen,
daß das wirkliche Leben selbst, der beste Regulator aller
menschlichen Verhältnisse, hier ausgleichend wirken
würde, daß die Assoziationen der Arbeiter und Gehül-
fen unter sich und im Verein mit den Arbeitgebern gerade in gewerbreichen Städten, in denen die vorgesehenen Fälle am häufigsten vorkommen werden, auch am
wirksamsten eingreifen und die öffentliche Last erleich-
tern werden, die gelten ebenso über die gezogene
Grenze hinaus, als innerhalb derselben.

Die beklagenswerthesten Folgen der gesetzlich bin-
denden öffentlichen Armenpflege aber, möge sie nun
an kleinere oder größere Verbände geknüpft sein, sind
die unvermeidlichen Schädigungen der Moralität des
Einzelnen wie der Gesammtheit. Wir haben bereits

oben gesehen, wie der von Ort zu Ort geworfene Unglückliche seinen menschlichen Stolz und damit seine menschliche Würde einbüßt. Andere, und sie sind nicht minder zahlreich und jedenfalls nicht minder tief gesunken, trotzen auf ihr Recht, Armenunterstützungen zu empfangen. Ich vergesse nie einen baumstarken Kerl, dessen Körper jeder Anstrengung zu trotzen schien, dem sich wie hundert Anderen lohnende Arbeit bot und der dennoch mit seiner Famile auf der Straße lag, und was er gelegentlich ohne große Mühe verdiente, vertrank, trotzend darauf, die Stadt müsse ihn und seine Familie ernähren. Die Statistik, so viel Aufschlüsse sie uns auch über unzählige Dinge giebt, giebt uns doch nicht die Zahl dieser unverschämten Armen, weil die Bestimmung innerer Motive einer Wissenschaft sich entzieht, die nur mit äußeren Erscheinungen und Zahlen rechnet; aber die Menge dieser Blutsauger muß überhand genommen haben, denn die Gesetzgebung fand es nöthig, den Kampf gegen sie zu eröffnen. Die Novelle vom Jahre 1855 übernahm diese Aufgabe, freilich [221] ist das wieder so ein Stück ächt preußischer Gesetzgebung, wie sie in den Schreibstuben von unserer Beamtenweisheit erdacht wird. Statt die Axt an die Wurzel des Uebels zu legen, statt das Uebel mit der Wurzel auszureißen und damit die Verbreitung desselben ein für alle Mal abzuschneiden, versucht man, es einzudämmen und hier und da die Schäden mit Flickwerk zu überdecken. Wenn dann nach kurzer Frist die Unmöglichkeit der Heilung mit diesem Mittel eingesehen ist, auch dann bequemt man sich noch nicht zur Radikalkur, es folgen neue Flicken, neue Gesetze und neue Verwaltungsmaßregeln. Arbeitsfähige Personen, welche die Armenhülfe für sich oder ihre Familien in

Anspruch nehmen, sollen nunmehr in eine Arbeitsanstalt untergebracht und dort zwangsweise angehalten werden, zu arbeiten, um so für sich und die Ihrigen Unterhalt zu erwerben. Arme Regierungsweisheit! Wißt Ihr denn nicht, daß der Gefangene, der gezwungen Arbeitende, nicht einmal seinen eigenen Unterhalt erwerben kann, daß nur der f r e i e Arbeiter noch eine Familie zu erhalten im Stande ist?

„Denjenigen, welchen es nur an Mitteln und Gelegenheit, ihren und der Ihrigen Unterhalt zu verdienen, ermangelt, sollen Arbeiten, die ihren Kräften und Fähigkeiten gemäß sind, angewiesen werden."

So verordnet das Allgemeine Preußische Landrecht[1], das auch in dieser Beziehung ein Kind seiner von humanistischen, aber oft noch unreifen Ideen erfüllten Zeit ist. Zwar der gesunde praktische Sinn unserer Zeit hat längst die Unausführbarkeit und Verkehrtheit solcher Bestimmungen, einer Art Vorläufer Louis Blanc'scher Schwärmereien[2], erkannt; aber nur einer Büreaukratie war es möglich, auf solche Aussprüche

---

[1] *Das Allgemeine Landrecht für die Preußischen Staaten trat nach längerer Vorbereitung 1794 in Kraft. Es umfaßte in einem Gesetzbuch sowohl das Zivilrecht und das Strafrecht als auch einen Teil des öffentlichen Rechts.*

[2] *Louis Blanc (1811-1882) war ein französischer Sozialist, der in seinem Buch „Die Organisation der Arbeit" von 1839 ein „Recht auf Arbeit" proklamierte. Während der Revolution von 1848 versuchte er seine Pläne, etwa Arbeitslose in „Nationalwerkstätten" zu beschäftigen, erfolglos umzusetzen.*

Zwangsarbeitsanstalten zu gründen. Aber wie kam es, daß trotz der Anerkennung dieses Prinzips, von einzelnen gänzlich vereinsamten Ausnahmen abgesehen, bei der Anerkennung der Notwendigkeit der öffentlichen Armenpflege niemals eine allgemeinere Durchführung desselben auch nur versucht ist, daß die öffentliche Armenpflege diese moralischen Hebel völlig vernachlässigt, sich niemals über materielle Unterstützungen aufgeschwungen hat? Geld, das nur im Nichtsthun erworben, an dem nicht der köstliche Schweiß der Arbeit, dieser befruchtende Thau alles menschlichen Wohlseins, haftet, hat noch niemals Segen gebracht. Und doch unter zehn, die deine Mildthätigkeit in Anspruch nehmen, — wir haben dabei nicht jene verkommenen Subjekte im Auge, wie wir sie oben schildern mußten, — wird sich kaum Einer finden, dessen Dank nicht freudiger klänge, wenn ihm Gelegenheit gegeben wird, die Unterstützung zu verdienen, als wenn ihm mitleidig ein Almosen gereicht wird. Jenes richtet ihn auf, weil er seine Menschenwürde geachtet sieht, dies erniedrigt ihn. Wie kommt es nun, daß trotzdem, trotz aller philantropischen Ideen unserer und aller Zeiten, jene Wahrheit nie eine lebendige Wahrheit geworden? Weil auch auf der Armenpflege, wie auf allen unseren Institutionen, der [222] Alp der Bevormundung ruht, weil der vergiftende Hauch des Reglementirens und Schematisirens von oben her keinen frischen Baum, der im eigensten Herzen des Volkes wurzelt, frisch aufwachsen läßt, weil dieses unselige büreaukratische System, das seinen Pflichten genügt zu haben glaubt, wenn dem Buchstaben der bestehenden Vorschriften genügt ist, das Volk in den langen Jahren seiner Herrschaft daran gewöhnt hat, Alles von oben her zu erwarten, niemals selbst Hand an das Werk zu legen. Die Gemeinden hatten längst schon kein selbständiges Leben mehr, alle Vereine wurden überwacht und unter Staatskontrolle gestellt, es fehlte nicht viel daran, daß man sich um jedes Thun und Treiben des einzelnen Menschen amtlich bekümmerte. Wo sollte die Freudigkeit zu einer Thätigkeit des Bürgers herkommen, wie sie solche Ziele und Zwecke erfordert hätten. Wie viel leichter und einfacher war es, Steuern auszuschreiben, Geldunterstützungen zu vertheilen. Was wußte endlich eine Büreaukratie davon, daß auch die Arbeit des Armen und Schwachen nutzbringend den Wohlstand des Volkes vermehren, die wahre Sittlichkeit heben könnte!

Wo liegt nun das Heilmittel? Was die Beschränkungen der Freizügigkeit betrifft, die als Strafen verhängt und in Folge erlittener Strafe polizeilich angeordnet sind, so ist die Antwort leicht genug. Widersinnige und unpraktische Gesetze hebt man einfach auf. Wir haben es vielmehr nur mit derjenigen Beschränkung der Freizügigkeit, die im Interesse der öffentlichen Armenpflege angeordnet ist, und mit dieser letzteren selbst zu thun. Und auch hier liegt unseres Erachtens das Heilmittel auf der Hand: Aufhebung der gesetzlichen Verpflichtung zur Armenpflege. Alle Uebelstände, die wir zu schildern genöthigt waren, sind damit für immer aufgehoben. Wenn die Gemeinde keine Verpflichtung hat, den Verarmten zu unterstützen, so liegt auch kein Grund vor, im Interesse der Verminderung ihrer Armenlast das Recht irgend eines Menschen, sich niederzulassen, wo es ihm gutdünkt, zu beschränken, und das vollständige Recht der Freizügigkeit ist damit hergestellt; es ist keine Möglichkeit vorhanden, daß irgend

Armenpflege und Freizügigkeit

Jemand auf sein Recht, Unterstützungen zu empfangen, pocht und trotzt. Wenn endlich Wohlthaten nicht mehr vermöge einer gesetzlichen Verpflichtung, sondern nur freiwillig erwiesen werden, so fällt damit naturgemäß jedes Recht fort, die Erstattung des zu diesem Zwecke Aufgewendeten von irgend Jemand zu fordern, und eine unendliche Menge unnütz verwendeter Thätigkeit, eine unendliche Menge von Entscheidungen und Verfügungen wird vermieden, die alle nichts anderes waren, als nothwendige Uebel, die durch andere Uebel hervorgerufen wurden. Tausende von Menschen, die jetzt, weil sie an die Scholle gebunden sind, nur aus der Tasche ihrer Mitbürger leben, werden an anderen Orten ihren Kräften und Fähigkeiten angemessene Arbeit finden, und während sie nur erhalten wurden, selbst wieder erhalten; tausend gebundene Kräfte werden entfesselt, unzählige Gesunkene wieder auf die Höhe des Menschseins erhoben werden. Die Nothwendigkeit, auch für Zeiten der Krankheit und Noth zu sorgen, und selbst zu sorgen, ohne sich auf die Hülfe Anderer verlassen zu dürfen, wird Sparsamkeit und Nüchternheit lehren, wird die Menschen zusammenzuführen, um in freien Vereinen selbst sich geben und gewähren zu können, was ihnen früher unwillig von Anderen geboten wurde. Das Volk wird auch hierdurch wieder lernen, was es heißt, sich selbst zu helfen, auf eigenen Füßen zu stehen; es lernt mit der Selbsthülfe Selbstbewußtsein, mit dem Selbstbewußtsein Freiheit. Auch da, wo unverschuldetes Elend die Unterstützung erfordert, wird die fortschreitende Humanität in freien Vereinen und die organisirte Selbstregierung in ihrem wohlverstandenen Interesse am besten nachhelfen.

WEITERE BÜCHER ZUM THEMA
BEI LIBERA MEDIA

- **Karl Braun:** Die Freizügigkeits-Gesetzgebung der Schweiz
- **Karl Braun:** Für Gewerbefreiheit und Freizügigkeit durch ganz Deutschland
- **Wilhelm Lette:** Freizügigkeit, das wichtigste Grundrecht der arbeitenden Klassen
- **Friedrich Bitzer:** Das Recht auf Armenunterstützung und die Freizügigkeit
- **Salomon Neumann:** Die Fabel von der jüdischen Masseneinwanderung
- **Franz von Holtzendorff:** Die Auslieferung der Verbrecher und das Asylrecht

Siehe auf unserer Website auch den Schwerpunkt „Freizügigkeit und Asylrecht" mit weiteren Titeln:

http://libera-media.de